O PRAZER DE PENSAR

Copyright © 2012 by Theodore Dalrymple
Copyright da edição brasileira © 2016 É Realizações
Título original: *The Pleasure of Thinking: A Journey through the Sideways Leaps of Ideas*

Editor | Edson Manoel de Oliveira Filho
Produção editorial, capa e projeto gráfico | É Realizações Editora
Preparação de texto | Lizete Mercadante Machado
Revisão | Marta Almeida de Sá
Diagramação | A2
Imagem da capa | Mark Hooper / Getty Images

Reservados todos os direitos desta obra. Proibida toda e qualquer reprodução desta edição por qualquer meio ou forma, seja ela eletrônica ou mecânica, fotocópia, gravação ou qualquer outro meio de reprodução, sem permissão expressa do editor.

Cip-Brasil. Catalogação na Publicação
Sindicato Nacional dos Editores de Livros, RJ

D157p

Dalrymple, Theodore, 1949-
    O prazer de pensar / Theodore Dalrymple ; tradução Margarita Maria Garcia Lamelo. - 1. ed. - São Paulo : É Realizações, 2016.
    208 p. ; 23 cm. (Abertura cultural)

    Tradução de: The pleasure of thinking: a journey through the sideways leaps of ideas
    ISBN 978-85-8033-238-4

    1. Bibliofilia. 2. Memória. I. Lamelo, Margarita Maria Garcia. II. Título. III. Série.

16-30391   CDD: 002
                 CDU: 002

É Realizações Editora, Livraria e Distribuidora Ltda.
Rua França Pinto, 498 · São Paulo SP · 04016-002
Caixa Postal: 45321 · 04010-970 · Telefax: (5511) 5572 5363
atendimento@erealizacoes.com.br · www.erealizacoes.com.br

Este livro foi impresso pela Gráfica Edições Loyola em fevereiro de 2016. Os tipos usados são da família Sabon Light Std e Frutiger Light. O papel do miolo é o off white norbrite 66g, e o da capa, cartão ningbo star 250g.

Theodore Dalrymple

O PRAZER DE PENSAR

Tradução de
Margarita Maria Garcia Lamelo

É Realizações
Editora

Comentários elogiosos feitos anteriormente a Theodore Dalrymple:

"[Um] destaque cultural."
Observer

"Desde a crítica de Christopher Hitchens à Madre Teresa não se viam tantos tabus serem massacrados num volume tão pequeno."
Jonathan Sumption, *Spectator*

"Um dos nossos mais festejados ensaístas."
Toby Young, *Mail on Sunday*

"Espirituoso, sempre incisivo e às vezes como um florete."
Tom Adair, *Scotsman*

"Como sempre, brilhante."
Dominic Lawson, *Sunday Times*

"Um pequeno oásis de sanidade e verdade."
Daily Mail

"Uma rara voz da verdade."
Spectator

"Agradável aspereza."
Guardian

Sumário

Pequenos começos 11
1. Filho suburbano 13
2. Sinceridade engenhosa 23
3. Inimigo dos homens 31
4. O brilho dos anjos 37
5. Senhora Buggins 41
6. Como ser daltônico 49
7. Mas é seguro? 57
8. Pessoas e coisas boas 63
9. Mãos livres 71
10. Tanques cheios de água 75
11. Luz ofuscante 81
12. Uma van branca 89
13. O estado atual 95
14. Dimensionar a revolução 101
15. Almas com desconto 107
16. Prostitutas em praça pública 111
17. A luta contra o absurdo 119
18. Paixões encantadoras 121
19. Ditadores cômicos 125
20. Pensamento positivo 129
21. Não convencionais e estrangeiros 137
22. Palavras grosseiras 145
23. Roubar tempo 155
24. Uma overdose de crescimento 159
25. Arsênico e framboesas 167
26. Céu e inferno 173

27. Caça de escalpos 175
28. Falsas economias 183
29. Pedantes engomados 187
30. Pensamento mágico.. 191
31. Autocomplacência.. 195
32. Autoaperfeiçoamento.. 199
33. Decorar o ambiente 203

Dedico este livro a Stephen Wycherley,
que me vendeu livros durante mais de trinta anos.

"Os infortúnios de uma vida desocupada são desconhecidos para um homem cujas horas eram insuficientes para os prazeres inesgotáveis do estudo."
Edward Gibbon, *Memoirs of My Life and Writings*

"Quando lemos, somos poupados da maior parte do incômodo de pensar. Isso explica o nosso sentimento evidente de alívio quando passamos de nossos próprios pensamentos para a leitura."
Arthur Schopenhauer, *Parerga et Paralipomena*

"A bibliomania, ou a coleção de uma pilha enorme de livros desprovida da curiosidade inteligente, desde que as bibliotecas existem, tem contaminado mentes fracas, que imaginam que por si mesmas adquirem conhecimento quando mantêm os livros em suas prateleiras. Suas bibliotecas heterogêneas têm sido chamadas de hospícios da mente humana..."
Isaac d'Israeli, *Curiosities of Literature*

"Prateleiras de livros de um marrom envernizado revestiam as paredes, cheias em cada fileira daquelas obras teológicas, grossas, pesadas, que os livreiros em geral vendem por quilo."
Aldous Huxley, *Crome Yellow*

Pequenos começos

Há pouco tempo, em Manchester, entrei num sebo. Peguei um pequeno volume com um título nada fascinante, *Making Sense of the NHS Complaints and Disciplinary Procedures* [Entender as Reclamações e os Procedimentos Disciplinares do Serviço Nacional de Saúde], publicado numa série chamada *The Business Side of General Practice* [O Lado Comercial da Clínica Geral]. Não consigo lembrar o que me levou a pegar um livro assim, mas logo fiquei feliz por tê-lo escolhido.

No prefácio, Sir Donald Irvine, então presidente do Conselho Médico Geral, o corpo disciplinar que supervisiona a profissão médica na Grã-Bretanha, escreveu: "Hoje, os pacientes procuram se precaver melhor contra médicos que exerçam mal a sua profissão [...]."

Dentro do livro havia um pedaço de papel da Associação de Pequenas Clínicas, pedindo uma crítica do livro para a revista da categoria.

O crítico requisitado era o Dr. Harold Shipman, e sua crítica sairia seis meses antes de ele ser preso por ter matado muitos pacientes.

Sei pela cor cinzenta das bordas de um livro quando foi lido do começo ao fim, e esse livro tinha sido lido dessa forma. É bem pouco provável que outra pessoa que não o próprio Dr. Shipman o tenha lido.

Eu o comprei por cinco libras, sentindo ecoar na minha cabeça, no começo do seu conto, *The Book-Bag*, a pergunta de Somerset Maugham dirigida àqueles que pensam que são superiores porque leem sem parar:

"Do ponto de vista da eternidade, é melhor ter lido mil livros do que ter arado mil sulcos?".

* * *

Em 1794, Xavier de Maistre, irmão mais novo de Joseph, o grande filósofo reacionário, publicou *Voyage Autour de ma Chambre* [Viagem ao Redor do Meu Quarto], no qual diz:

> Quando viajo no meu quarto, raramente sigo uma linha reta: vou da mesa para um quadro pendurado num canto; desse ponto, atravesso o quarto até a porta; mesmo assim, quando começo, minha intenção é de fato ir até lá; se por acaso encontro no caminho a minha poltrona, não penso duas vezes: sento-me sem muita cerimônia.

A viagem em direção à porta continua...

1. Filho suburbano

O meu exemplar do primeiro livro de Somerset Maugham, *Liza of Lambeth* [O Pecado de Liza], tem a inscrição pequena e clara "E. S. Labouchère". Labouchère não é um nome comum, e imagino – ou melhor, gosto de imaginar – que E. S. fosse algum parente de Henry, o político liberal e jornalista.

Este último, de família rica, acumulou dívidas chegando a seis mil libras (equivalente hoje talvez a quinhentas mil libras) quando era estudante em Cambridge. No começo de sua vida, passava o tempo desocupado e jogando; sua família conseguiu que fosse aceito pelo Ministério das Relações Exteriores, sem que ele soubesse. Ao ser convidado para ser o segundo secretário na embaixada em Buenos Aires, enquanto jogava a roleta em Baden Baden, mais ou menos na mesma época que Dostoiévski, ele respondeu que aceitaria o emprego com uma condição: que pudesse continuar a jogar.

Henry Labouchère imortalizou-se na história literária e ao mesmo tempo ganhou fama por algo que não lhe era típico. Apesar de progressista radical na política, anti-imperialista e nitidamente inclinado ao nacionalismo irlandês, além de uma pessoa não convencional na vida privada, foi ele, como membro do parlamento liberal, que introduziu e se pronunciou a favor da cláusula da Lei de Emenda da Justiça Penal de 1885 com a qual Oscar Wilde foi processado na década seguinte.

O que E. S. pensava a respeito disso, evidentemente, não posso dizer. O livro *Liza of Lambeth* é uma segunda edição, não primeira, mas publicado no mesmo ano que a primeira, 1897, quando Maugham ainda era estudante de Medicina. Deparei com ele à venda por duas libras numa pequena livraria no que hoje é eufemisticamente chamado de centro velho. (Falar com franqueza e clareza sobre coisas vistas antigamente como tabu parece que sempre faz surgir novos tabus em outro lugar.)

O proprietário e gerente da loja era um comunista da facção Enver Hoxha, membro de um grupo pequeno, mas seleto, de fanáticos inofensivos. A Albânia era o seu santuário. Ele administrava a sua livraria um pouco como negócio e um pouco como organização missionária para a população local, que ele esperava converter ao caminho albanês para o comunismo. Ele tinha um vocabulário técnico que era especialmente rico em termos de insultos, mas não de forma vulgar.

Por exemplo, qualquer pessoa associada ou que apoiava o Labour Party [Partido Trabalhista] era um *labourita*. O desprezo que conseguia colocar nessa palavra, sem nenhum excesso de ênfase, produzia um tremendo efeito, graças à entonação. Ele odiava os *labouritas* (na verdade qualquer pessoa cuja denominação terminasse com o sufixo "itas", por exemplo, os titoítas e os khrushchevitas) muito mais do que os *tories* (do Partido Conservador). Estes últimos eram velhos inimigos de classe, talvez até respeitáveis ou de certa maneira dignos de pena, pois estavam do lado dos perdedores da história, mas os *labouritas* eram traidores de classe, muito pior do que meros inimigos. Confundiam o proletariado potencialmente revolucionário com ideias reformistas, sem falar de pão e circo. Como a Câmara Municipal era controlada por *labouritas*, sempre brigava com ela.

Algo que ele lamentava profundamente era ter um membro da classe média relativamente endinheirada – no caso, eu – como seu melhor cliente. De fato, eu diria que o seu estoque variava muito pouco – até ficar menor ainda por causa das minhas compras.

A população local não era muito literária nas suas buscas. Teria sido difícil para ele encontrar um lugar menos promissor para um sebo, apesar do aluguel baixo. O público que por ali passava era quase inexistente, e ele se recusava, ideologicamente, a fazer propaganda. Por outro lado, a falta de interesse tornou-o imune a furtos e assaltos. Ele podia colocar livros do lado de fora numa prateleira, e ninguém os pegava. Provavelmente, ele teria que pagar para que as pessoas os levassem.

* * *

Uma decepção ainda mais amarga para ele era o desinteresse da população étnica local por livros – a área era multicultural, para usar um outro eufemismo atual –, com exceção de um estranho intelectual revolucionário rastafári maconheiro, que ele tentava dissuadir, suponho que sem muito sucesso, de usar drogas destruidoras da mente e da razão. Senhoras negras idosas que tentam persuadir as pessoas a ir à igreja às vezes entravam, mas, embora todo o espaço disponível da parede fosse coberto de cartazes de propaganda original da Guerra da Independência Irlandesa, e de Mao na Longa Marcha (dias antes ele havia traído a classe trabalhadora em geral, e Enver Hoxha em particular), as mulheres sempre se interessavam por bíblias baratas ou por estudos dos profetas mais extremos do Antigo Testamento. Mulheres que aos domingos usavam luvas brancas e falavam em línguas.

O proprietário sempre lamentava, depois que deixavam a loja, que era de fato uma pena que padecessem desse tipo absurdo de falsa consciência (religião), que era uma terrível ressaca mental da escravidão. Ele queria alertá-las sobre a própria verdade delas, ou seja, a realidade de ordem material, de interesses, mas não funcionou. Como ficar discursando era inútil, ele tentou despertar-lhes a indignação política com reimpressões de uma obra do Reverendo Edward Blyden, *Christianity, Islam and the Negro Race* [Cristianismo, Islã e a Raça Negra], publicada pela primeira vez em 1888. Ele considerava o Reverendo Blyden como um meio-termo entre os ridículos pastores das igrejas pentecostais locais e Enver Hoxha; portanto, como um passo na direção certa para aqueles que eram completamente cegos.

Posso estar errado, mas creio que fui o único que comprou dele um exemplar da reimpressão de Blyden. Ele tinha uma primeira edição, mas não a venderia para mim. Eu me interessava por Blyden porque uma vez escrevi um livro sobre a Libéria, disponível agora nas livrarias Oxfam por um preço muito baixo, mesmo, ou um preço especial se estiver autografado, e Blyden era uma figura muito importante na história da Libéria. É curioso como depois de escrever um livro sobre um determinado assunto, você continua a se interessar pelo tema, mesmo que pareça obscuro para o homem comum.

Blyden nasceu no que na época ainda denominavam as Índias Ocidentais Dinamarquesas, e foi mais tarde para os Estados Unidos, onde enfrentou tanto preconceito que emigrou para a recém-independente República da Libéria. Aprendeu latim, grego e hebraico, e foi nomeado professor de grego na Universidade da Libéria; quando veio para a Inglaterra, foi apresentado a celebridades como W. E. Gladstone e Thomas Hodgkin, o primeiro a descrever a doença de Hodgkin. Por acaso eu tinha um exemplar de um livro anterior de Blyden, *Liberia's Offering* [Oferta da Libéria], publicado em 1862, uma coletânea de ensaios e sermões, incluindo "A Vindication of the African Race; Being a Brief Examination of the Arguments in Favor of African Inferiority" [Uma Defesa da Raça Africana; Uma Breve Análise dos Argumentos a Favor da Inferioridade Africana].

Mas nenhuma súplica seria capaz de convencer o livreiro a separar-se do seu exemplar, que ele mantinha numa estante especial, fechada. Não, disse, ele queria guardá-lo para mostrar aos seus clientes negros que tinham alcançado a civilização literária havia mais de um século, e que não tinham nada de que se envergonhar. De fato, o lugar deles era na vanguarda da futura revolução cultural e política.

Com as mulheres, entretanto, ele tinha que admitir a derrota. Nada do que dissesse faria com que deixassem a sua falsa consciência. Indicava-lhes as prateleiras de bíblias e de teologia, assim como a sua seção espantosamente grande de espiritismo, na qual era provável que houvesse mais de trezentos livros.

Tampouco se interessavam por espiritismo. Falavam com a voz dos profetas, não com a voz dos mortos. O espiritismo era branco, não negro.

Mas por que um materialista dialético tinha tantos livros sobre um tema tão imaterial? Perguntei-lhe, e ele me disse que tinha comprado toda a biblioteca pessoal de um espírita que tinha morrido. Todo frequentador de sebos ingleses sabe que livros de capa mole alaranjada são do Clube do Livro de Esquerda, publicados nos anos 1930 por Victor

Gollancz. São obras que denunciavam os fascistas, apoiavam os comunistas, alertavam contra Hitler, protestavam contra o desemprego, publicavam Arthur Koestler, George Orwell e Stephen Spender. Também podem ser reconhecidos os livros de capa de tecido cinzento como os do Clube do Livro de Direita, movidos por uma fracassada oposição à esquerda, que denunciavam a disseminação do comunismo, do ateísmo e do anticlericalismo, e publicavam Evelyn Waugh. Mas pouquíssimos, suponho, sabem da existência ao mesmo tempo do Clube do Livro Espírita. Eu certamente não sabia, até frequentar essa livraria, cuja seção de livros espíritas, incidentalmente, passava despercebida por causa de uma litografia colorida com o retrato de Stálin.

O Clube do Livro Espírita publicou centenas de títulos, todos com capa de papelão azul uniforme. A coleção tinha pertencido a W. Bristow, que escreveu com letras ilegíveis o seu nome e endereço na folha de rosto de cada um dos livros, com rabiscos decorrentes em geral do uso de uma velha ponta de aço mergulhada no tinteiro. A letra de W. Bristow, suponho, era de um funcionário público, um homem respeitável cujo espiritismo devia ter sido uma espécie de segredo com culpa.

E de fato, quando por curiosidade fui ao endereço, era uma rua que exalava uma respeitabilidade do passado, pequenas casas vitorianas geminadas com detalhes de adornos em gesso produzidos em série, agora se desintegrando, e nomes como *Crimea Terrace*. A respeitabilidade já não existia mais, é claro; tinha sido substituída por uma boemia de massa dos tempos atuais, cheia de maconha e rock. Mas não era difícil imaginar os dias em que as cortinas se abriam discretamente, visto que os vizinhos agiam como a polícia secreta da respeitabilidade, vigiando todas as idas e vindas na rua.

Na minha juventude eu teria zombado do absurdo do espiritismo, mas a passagem do tempo aumenta a nossa tolerância pelos erros inofensivos dos outros. A consciência de que a nossa própria vida não é exatamente um modelo de racionalidade, isenta de erro, mas o inverso (todas as vidas humanas são), ou seja, feita de erros irreversíveis, nos torna mais clementes. Nossa imaginação não precisa se esforçar muito para entender a mágoa – aquelas mágoas que acabam sendo ocorrências da própria vida – para a qual o espiritismo é uma resposta. Não significa que a verdade se torna relativa, é a importância da verdade na existência humana que faz isso.

Comprei somente alguns livros de W. Bristow, entre eles um escrito em dois volumes por um cirurgião, com o título (talvez não muito encorajador para os seus pacientes) Thirty Years among the Dead [Trinta Anos entre os Mortos]. Ele não fala de uma sala de autópsia, mas do além, tema que explorou meticulosamente, ou pelo menos com minúcia. Outro livro que comprei foi Parish the Healer [Parish, o Curandeiro] de Maurice Barbanell, autor também de The Trumpet Shall Sound [A Trombeta Soará] e They Shall Be Comforted [Eles Serão Consolados]. Na parte de trás do livro são anunciados outros volumes da série: On the Edge of the Etheric [À Beira do Etéreo] (40 mil exemplares vendidos), por exemplo, e Materialisations and the Case of Clive-Holmes: The Laws behind Psychic Phenomena and a Medium's Martyrdom [Materializações e o Caso de Clive-Holmes: As Leis por Trás dos Fenômenos Psíquicos e o Martírio de um Médium].

W. Bristow adquiriu Parish the Healer em abril de 1938. Há um retrato de Parish na folha de rosto, uma pintura feita por Marcel Pontin. W. T. Parish se mostra um homem de aparência distinta, por volta de sessenta anos, fitando o infinito, seus olhos têm evidentemente a clareza da água-marinha, o que é sempre desconcertante. Tem uma expressão firme, mas bondosa, de uma maneira abstrata: sua bondade é mais ideológica do que uma reação calorosa e espontânea ao ser humano que está diante dele.

Há uma dupla metáfora visual na pintura. Por trás do retrato fortemente pintado de Parish, há um Cristo espectral ou ectoplasmático com olhos caídos, como se sofresse de uma leve *myasthenia gravis*. Mas Parish, paradoxalmente, está usando um avental branco, como o de um médico ou cientista de laboratório. Parece que são invocadas tanto a autoridade da religião quanto a da ciência; mas, é claro, desejar o melhor dos dois mundos é humano, é tudo muito humano.

Descobrimos que W. T. Parish era um funcionário experiente de uma companhia de estradas de ferro quando percebeu que tinha poderes espirituais de cura, e sua esposa foi a sua primeira paciente. Ficou conhecido, e seu apartamento se tornou um verdadeiro centro desse tipo de cura.

Recebia quinze mil cartas por ano de todas as partes do mundo. O seu apartamento era em East Sheen.

Quando li isso, confesso que ri. Lembrei-me de um paciente meu que achava – na verdade, ele sabia – que era Cristo.

– Como você sabe? – perguntei.

– Meu pai, que está no céu, me disse.

– E a sua mãe?

– Ah, ela mora em South Shields.

Não é fácil dizer exatamente por que East Sheen e South Shields são impróprios para abrigar centros de espiritismo ou a casa da mãe de Deus. Mas a ideia de que isso possa acontecer parece disparatada. Afinal, a espiritualidade, por definição, não é menos espiritual por ser exercida em um lugar e não em outro, e a preferência de Deus pelos pobres (sem falar dos pecadores) poderia muito bem se manifestar fazendo a Mãe de Deus morar em South Shields.

* * *

Quando comprei esses livros, quis logo deixar claro para o vendedor que não os comprava porque tinha contato constante com os mortos. (A propósito, a palavra morto em *Parish the Healer* sempre está entre aspas, "morto", assim como agora a palavra civilização é sempre colocada entre aspas em livros de acadêmicos modernos, politicamente corretos, na área de humanas. Quem diz que a "civilização" está "morta"?) Disse-lhe que eu os tinha comprado por interesse psicológico.

Mas por que eu estava tão ansioso para que não me associasse ao espiritismo? Embora suas opiniões fossem estranhas, eu não queria que ele me achasse estranho, uma pessoa de trato esquisito – éramos semelhantes em muitos aspectos.

Tínhamos, evidentemente, opiniões opostas a respeito da Albânia, para onde, ao contrário dele, eu tinha de fato viajado durante o que suponho que ele teria chamado de bons velhos tempos. Presenciei lá os horrores do totalitarismo comunista na sua versão mais extrema (salvo a Coreia do Norte, talvez com os últimos dias de Ceauşescu concorrendo e empatando em segundo lugar). Eu detestava tanto esses regimes que qualquer pessoa que apoiasse qualquer um deles como modelo para que a humanidade o imitasse, para mim, era inadmissível.

Talvez eu fosse sensível aos horrores do comunismo porque o meu pai era comunista (em suas opiniões, se não em sua conduta); havia muitas coisas dele de que eu queria me diferenciar, desde suas opiniões até o seu caráter. É mais fácil mudar a opinião de uma pessoa do que o seu caráter. (Infelizmente, um desejo de diferenciar-se de alguém, em particular o pai ou a mãe, em geral revela um medo oculto ou a consciência de que o desejo é uma manifestação de semelhança, não de diferença. Portanto, essa era e é a situação entre meu pai e eu: quando baixo minha guarda, quando perco o meu autocontrole, sou como ele.)

Talvez, então, não seja tão surpreendente, apesar de detestar verdadeira e absolutamente o que o livreiro adorava e acreditava que devia ser a finalidade da existência humana, e pelos meios horríveis através dos quais ele achava que isso poderia acontecer, que eu também tivesse muita coisa em comum com ele. Há algumas pessoas, eu sei, que não podem tolerar a visão ou a companhia de pessoas de opiniões políticas, religiosas ou filosóficas muito diferentes das suas, mas isso, parece-me, significa afastar-se de uma grande parte da humanidade. Se a fé poética requer a suspensão voluntária da descrença, viver de forma civilizada requer o desrespeito voluntário do desacordo. "Enquanto um ato for somente uma simples intenção", disse o grande juiz do século XVIII Lorde Mansfield, "não é passível de punição pela lei". Enquanto o homem não põe seus vis pensamentos em prática, ele não deve ser excluído da nossa compaixão: que aquele desprovido de pensamentos vis se associe somente com os que também têm mente pura. Só Deus sabe do que falariam.

Portanto, adorei discutir com ele — talvez a palavra "lamentei" fosse mais adequada — a respeito da degradação e da decadência cultural que ambos vimos por todos os lados. Ninguém lê mais nada, a cultura popular não passa de um poço de vulgaridade e estupidez, etc., etc., etc.

O meu albanesita, que viu essa vulgaridade e decadência no último suspiro de um capitalismo cronicamente moribundo, poderia ser um almirante aposentado que escreve cartas de descontentamento para os jornais das profundezas de Tunbridge Wells. Era um puro ludita para quem os aparelhos eletrônicos eram uma preocupação (tive que fazer de conta que eu tinha um celular somente para que o hospital ou os meus pacientes pudessem entrar em contato comigo, e que eu nunca usava para fazer reservas em restaurantes). Ele achava que a internet era um instrumento concebido pelo comitê central da burguesia para deixar as massas estupefatas e desviá-las das obras de Enver Hoxha – com as quais, se não fosse isso, estariam envolvidos. Portanto, ele recusou-se absolutamente a verificar o valor do seu estoque na internet, acreditando afinal que os livros, como todo o resto, deveriam ter um preço de acordo com o seu valor de uso mais do que por serem raros. De vez em quando, ele procurava alguma coisa em volumes de capa de um verde velho denominados *Book Sales*, mas, visto que eram de 1970, as pesquisas tendiam a favorecer o cliente mais do que a ele próprio.

E foi assim que comprei uma segunda edição de *Liza of Lambeth* por duas libras. Embora eu o tivesse avisado de que esse livro (e muitas compras semelhantes) valia mais, era um homem de honra. Tendo fixado o seu preço em duas libras, esse seria o preço pelo qual ele o venderia.

2. Sinceridade engenhosa

Encontramos coisas em livros velhos: principalmente insetos mumificados, é claro, mas também manchas de sangue, flores secas prensadas, bilhetes velhos de ônibus, listas de compras, fichas de embarque, orçamentos de consertos a serem feitos, contas de açougue, marcadores de página de livros anunciando seguros de vida, festivais de arte e livrarias e alguns chegam a chamar o leitor para a fé e o arrependimento (por exemplo, "Venham, todos vocês que têm sede, venham às águas; e vocês que não possuem dinheiro algum, venham, comprem e comam...", o que hoje alguns veriam mais como um convite para roubar lojas em nome da justiça social). Muitos livros velhos vêm de casas de fumantes inveterados; sempre que, por exemplo, abro o meu exemplar do livro do Padre Copleston sobre Nietzsche, sinto-me como um ser liliputiano que subitamente caiu num cinzeiro brobdingnagiano, de tão forte que é o cheiro de tabaco velho, muito, muito velho.

Contudo, de todos os objetos encontrados em livros, talvez o mais interessante, o mais estimulante para a imaginação, sejam as cartas. Num exemplar de *Underground Russia* [Rússia Subterrânea], por exemplo – no qual as palavras *terrorista* e *terrorismo* não são entendidas automaticamente como pejorativas, mas, ao contrário, como palavras que expressam admiração –, publicado em 1883 por Sergei Stepniak, um agitador revolucionário e escritor e que havia assassinado com as próprias mãos cinco anos antes o General Mezentsev, chefe da Polícia Política russa, encontrei uma carta escrita com data de 28 de dezembro de 1934. Era da esposa do embaixador soviético na Grã-Bretanha, Ivan Maisky, para o então editor do jornal *Observer*, J. L. Garvin. Este último, descrito como "prolixo" por A. J. P. Taylor no seu livro *English History 1914-1945* [História Inglesa, 1914-1945], e dado a "excentricidades", havia enviado a Maisky oito volumes das memórias de Charles Greville, a respeito dos quais, segundo a senhora Maisky, "meu marido passou todo o Natal fazendo anotações". Ela, por outro lado, havia lido o livro de Stepniak, que ele também havia enviado, e que ela estava devolvendo "junto".

Numa época em que a fome na Ucrânia já era violenta, e o embaixador britânico na União Soviética, Sir Reader Bullard, relatava rumores de canibalismo, a senhora Maisky escreveu este parágrafo floreado para Garvin: "Desejo-lhe toda felicidade no Ano Novo e, acima de tudo, vitalidade e energia suficientes para que possa viver mil anos".

Não é necessário dizer que prolongar o tempo de vida do homem não era a preocupação mais urgente de Stálin na época. Stepniak chamou o império do czar de "Império da Noite", não imaginando que pudesse existir, muito menos em pouco tempo, um regime capaz de executar diariamente ao longo de muitos anos mais pessoas do que o Império da Noite havia executado em cem anos. Talvez a moral seja que não devemos deixar que o ruim seja amigo do péssimo.

Parecia-me mais interessante, a partir da minha perspectiva como médico, o que encontrei num exemplar de *American Nervousness* [Nervosismo Americano] de George M. Beard, publicado em 1880. Beard foi o criador do termo *neurasthenia*, uma doença de exaustão crônica que se manifesta principalmente em "classes reclusas de países civilizados", e para tratá-la ele recomendava, entre outras coisas, arsênico, às vezes durante meses, e canabis, "um remédio que talvez acompanhe [o arsênico], uma das maiores divindades de neurologia". A dedicatória do livro foi feita pelo Dr. Beard para o Dr. Ringner Atkins, um médico a respeito do qual não consegui descobrir nada.

Há também no livro uma carta endereçada ao Dr. David Stafford-Clark, com data de 7 de outubro de 1962, do Dr. Stephen MacKeith.

O Dr. Stafford-Clark, junto com o Dr. Anthony Storr, era psiquiatra de rádio e televisão *par excellence*, assim como autor de muitos livros. Posso ainda ouvir na minha mente o inglês da classe alta inglesa culta que ele usou. De certa maneira, tornou as supostas revelações da psicanálise muito menos chocantes.

A carta do Dr. MacKeith, como a da senhora Maisky, era de agradecimento, terminando da seguinte forma: "Como prova singela da minha gratidão, o senhor poderia talvez aceitar este pequeno livro que peguei em Dublin e que deve ser uma primeira edição, autografada pelo autor".

A singeleza da *prova*, a *pequenez* do livro, a incerteza da sua aceitação: para alguns estas coisas podem mostrar o peso da insinceridade, ou a pequenez da escrita da pérfida Grã-Bretanha, mas para mim o todo tem encanto e refinamento, o encanto da hesitação e do floreio que se perdeu com o tempo.

Mas o que causava a gratidão do Dr. MacKeith ao Dr. Stafford--Clark, que pedia em termos de bibliomania o que não era um presente insignificante?

"Caro Stafford-Clark", a carta começa assim, e até mesmo esta abertura produziu em mim um *frisson* de nostalgia pelos tempos em que os homens de certa posição se dirigiam uns aos outros usando o sobrenome (é possível imaginar Holmes dirigindo-se a Watson chamando-o de John, ou Watson dirigindo-se a Holmes chamando-o de Sherlock, sem falar em alguns diminutivos horríveis do último?). A carta continua:

> Envio-lhe meus calorosos agradecimentos por sua ajuda na noite de XX de setembro quando o senhor veio tão prontamente ajudar-nos com a senhora C... Como o senhor deve saber, o seu prognóstico foi amplamente justificado, pois na manhã seguinte a sua doença mental melhorou muito e, de fato, tornou-se melhor do que antes e em pouco tempo! No dia XX de outubro, sem contratempo, ela viajou de avião retornando a I... e agora ela está de volta a sua casa, sob as asas do marido e de sua admirável velha empregada, Despina. Fiquei muito impressionado com a sua sábia avaliação da situação clínica e social neste caso, e com sua paciência e habilidade ao lidar

com o marido da paciente depois. A propósito, quando o senhor falou com ele, estava sentado no sofá que supostamente pertenceu à famosa senhora Fitzherbert.

Que médico hoje escreveria uma carta assim?! Atualmente, os médicos não podem escrever uns aos outros o que de fato acham de seus pacientes, porque têm que mandar cópias de suas cartas para os próprios pacientes.

Depois tem a carta de R. B. Cunninghame-Graham, um autor que em geral é esquecido hoje, mas lembrado por mim por seus textos sul-americanos, presentes no seu último livro, *Writ in Sand* [Escrito na Areia], publicado em 1932. Esse descendente das famílias aristocráticas escocesas, que alegava ser o legítimo herdeiro do trono escocês e inglês, fugiu aos 17 anos para a América do Sul em busca de aventura.

Ele conhecia bem o Paraguai, no período que se segue ao que foi provavelmente a guerra mais desastrosa da história mundial, pelo menos para a população masculina do lado perdedor, ou seja, o Paraguai. Noventa e cinco por cento dessa população foi morta na guerra da Tríplice Aliança contra a Argentina, o Brasil e o Uruguai, e havia somente 28 mil homens vivos no Paraguai no fim da guerra.

O homem responsável por essa carnificina, cuja diplomacia inepta, ambição napoleônica e comichão egoísta que confundia com honra provocaram-na, Marechal Francisco Solano López (filho do ditador anterior do Paraguai, Carlos Antonio López, sobre o qual o embaixador americano no Paraguai, Charles Ames Washburn, disse que gostava tanto do seu país que era dono da metade dele), ainda era um herói nacional quando visitei o Paraguai pela primeira vez, e havia uma enorme estátua dele que dominava o centro de Assunção, com suas supostas palavras heroicas agonizantes inscritas na base: "Morro com o meu país". O inverso era verdade também, é claro, "o meu país morre comigo". Isto é o que mais se aproxima da confirmação empírica que conheço do suposto, e ainda hoje presumido, desejo de morte de Freud.

Foi na leitura da biografia de López escrita por Cunninghame Graham, a única escrita em inglês durante mais de um século, que deparei com este pela primeira vez como escritor.

O rei Robert IV da Escócia e o Primeiro da Inglaterra, como ele gostava às vezes de se chamar, mas também Dom Roberto, era uma figura muito interessante, o amigo parecido de Bernard Shaw (que o usou como modelo para Serge Saranoff em O Homem e as Armas, uma das três peças em que apareci num palco, sendo que minhas habilidades de ator são praticamente semelhantes às de uma velha viga de carvalho) e Joseph Conrad, que se casou com uma mulher conhecida como Gabrielle de la Balmondière, mas cujo verdadeiro nome era Caroline Horsfall, o primeiro socialista declarado a ser membro do Parlamento, abraçava todas as causas radicais. Ele participou de reuniões ao lado do Príncipe Kropotkin, Sergei Stepniak e Friedrich Engels. Também era um dândi e morreu muito rico, deixando um imóvel de 100 mil libras, o equivalente talvez hoje a 6 milhões de libras.

A carta de dedicatória no livro, com data de 17 de janeiro de 1935 (cerca de um ano antes de morrer, e quando tinha aproximadamente 83 anos) é a seguinte:

> Para A. Ll. Mattison, de R. B. Cunninghame Graham com respeitosas saudações, e como lembrança dos dias em que costumávamos ficar em tribunas e dirigir-nos ao "Proletariado", geralmente constituído por três ou quatro crianças, oito ou dez patriotas do pub mais próximo, duas ou três senhoras de idade, um policial e um poste de luz.

Foi escrita a bordo do SS Windsor Castle, "quase em frente à Casablanca". O Marrocos era a segunda área de interesse de Cunninghame Graham, depois da América do Sul, e o seu melhor livro talvez seja a respeito disso, Mogreb-al-Acksa.

A carta de dedicatória acima capta bem, creio, o espírito do radical aristocrático: em parte generosidade de espírito, em parte um menino levado que irrita os pais dizendo coisas chocantes. O fato é que esses radicais gostam demais do mundo e do lugar que ocupam nele para realmente mudá-lo, mas ao mesmo tempo não querem ficar despreocupadamente na posição para a qual Deus, suficientemente bom, os designou. Fazer isso seria desfavorável para o seu ego, que requer que causem uma boa impressão no mundo e sobre o mundo.

Muitos deles provavelmente acreditam que as coisas que adoram no mundo são tão sólidas e indestrutíveis que suas atividades irritantes não podem exercer de fato nenhum efeito destrutivo: mas quando descobrem que não é assim, e que construíram um mundo que não é muito do gosto deles, é tarde demais.

* * *

A carta que tem mais valor comercial nos meus livros, contudo, deve ter sido deixada por um proprietário anterior. Está numa primeira edição do livro de De Quincey, *Confessions of an English Opium Eater* [Confissões de um Comedor de Ópio]. Foi endereçada a James Hogg Esq., Gent,[1] o qual espero ser James Hogg, pastor de Ettrick e autor de *The Private Confessions of a Justified Sinner* [As Confissões Privadas de um Pecador Justificado], e não James Hogg, o seu filho, o editor tardio de De Quincey (que conhecia tanto o pai quanto o filho). Deve ter sido muito lisonjeiro para Hogg (pai), muito reconfortante para o seu orgulho e para a conquista de um lugar como figura literária de alguma importância, o fato de terem se endereçado a ele não somente como *Esq.* mas também como *Gent.*, e isso por alguém como Thomas De Quincey, pois ele (Hogg) foi filho de um trabalhador rural e teve pouquíssimo acesso a uma educação formal. Contudo, as razões que levaram De Quincey a dirigir-se dessa forma não seriam totalmente desprovidas de interesse, ou decorrentes de um sentido qualquer de igualdade social. Esta é a carta, que indica a hora e a data (quinta, 6 de agosto), mas não o ano:

Caro senhor,

Há seis semanas, no dia 24 de junho, fui advertido a respeito dos meus Livros e da Documentação sob custódia da senhorita Millin em Holyrood Gardens – eu lhe dei uma promissória vencendo quarenta dias mais tarde no valor de 5 libras. Não sei como, mas o fato

---

[1] *Esq.* e *Gent.* correspondem a "*Esquire*" e "*Gentleman*", formas respeitosas de tratamento. (N.T.)

é que, na correria e confusão da remoção desses livros – eu havia esquecido que se aproximava a data da promissória –, há uma hora a promissória me foi apresentada pelo senhor Robt Scott, de 175 High Street, para que eu pagasse. Imaginei que ainda tinha um prazo de duas semanas – supus que fosse capaz de resolver isso com o exercício da minha pluma. Estou envergonhado por ter cometido um erro de cálculo tão infantil. Contudo, sendo esse o caso, eu estaria abusando muito da sua gentileza se lhe pedisse que me ajudasse nessa dificuldade?

Atenciosamente,
Thomas De Quincey

P.S.: Supondo que o senhor possa me ajudar nesta questão, acredito que amanhã de manhã ainda haveria tempo de esquivar-me[?] &c.

A letra de De Quincey vai ficando menos clara à medida que ele se aproxima das partes mais difíceis e embaraçosas da carta, mesmo de quem ou do que ele quer se esquivar fica ilegível.

Suponho que algumas pessoas possam ter um conceito não muito bom de De Quincey, o impecunioso crônico por ter feito o que as pessoas vulgares chamariam de *descolar uma nota de cinco* de Hogg, mas a sua desculpa é tão transparente que parece de uma criança – na verdade, como uma criança – explicando por que não entregou o dever de casa. A tinta derramada no dever, depois uma rajada de vento o fez voar para fora da janela até o jardim e daí o cachorro o comeu. Quanto mais elaborada a desculpa, mais a criança espera que alguma parte dela seja aceita como verdade. Há algo de comovente nesse pedido infantil de De Quincey; e para alguém que escreve, o talento literário e a fama póstuma não são incompatíveis com a fraqueza pessoal.

3. Inimigo dos homens

Escreveu o crítico Logan Pearsall Smith: "As pessoas dizem que a vida é o mais importante, mas eu prefiro ler". Em geral, concordo. Mas acontece que tenho um livro, ou antes um livreto, com uma dedicatória do autor para esse escritor praticamente desconhecido, hoje lembrado, sobretudo, por ter sido o primeiro cunhado de Bertrand Russell, o qual escreveu em sua *Autobiografia* ter sido ele o criador de escândalo mais mal-intencionado que conhecia.

O livreto dedicado a Pearsall Smith, de 1926, intitula-se *Reading: A Vice or a Virtue?* [Ler: um Vício ou uma Virtude?]. Foi escrito pelo então bibliotecário da Northwestern University, em Evanton, Illinois, Theodore Wesley Koch, que supostamente tinha interesse pessoal na proclamação das virtudes da leitura.

Mas nem sempre os bibliotecários têm uma relação honesta ou carinhosa com os leitores ou os livros, particularmente hoje. De fato, alguns bibliotecários parecem alimentar pelos livros sob sua tutela aquela maldade especial ou o ódio que as pessoas que se sentem presas em suas profissões, e que ficam muito entediadas com o que inicialmente achavam interessante, desenvolvem em relação aos seus instrumentos ou equipamento. Ficam ansiosamente esperando uma oportunidade para se vingar.

Mas este é um comportamento relativamente recente. Os bibliotecários não parecem ser inimigos dos livros no pequeno volume publicado em 1880 pelo impressor e ensaísta literário William Blades, intitulado *The Enemies of Books* [Os Inimigos dos Livros]. Blades enumera esses inimigos, do mais inferior ao mais superior, numa espécie de hierarquia ou grande cadeia. Começando por fogo e água, ele continua com o mundo orgânico com destruidores vegetais e animais, passando para os insetos, mamíferos e finalmente para o modelo dos vândalos, o próprio Homem. Há uma hierarquia entre os homens, é claro, do mais humilde criado, que é descrito acendendo fogo sem constrangimento com páginas arrancadas de uma Bíblia Caxton, ao pior e mais destrutivo de todos os vândalos de livros (na opinião de Blades): o colecionador de livros, que é capaz de fazer qualquer coisa para que o livro seja como ele quer, ou pensa que deveria ser. Bibliotecários na época de Blades ainda eram protetores da civilização humana.

As coisas mudaram desde essa época. Por toda a Grã-Bretanha, e sem dúvida em todos os outros lugares, os bibliotecários estão esvaziando as suas instituições de livros. Os livros são volumosos; pesados, sofrem deterioração; juntam poeira e exalam odor; em geral não são lidos e ficam nas prateleiras durante décadas; acima de tudo, livros representam o passado, como carruagens puxadas por cavalos ou meninos entregadores de telegramas que levam mensagens urgentes de motocicleta. Não há necessidade de livros agora que podem ser reduzidos por meios digitais a um espaço infinitesimalmente pequeno. Se Hamlet estivesse vivo hoje, ele gritaria: "Eu poderia estar ligado a um Mac e ficar a par de uma quantidade infinita de informação". No ritmo atual do desenvolvimento, logo será possível para todos ter na palma de sua mão toda a Biblioteca do Congresso, a Biblioteca Britânica e a Biblioteca Nacional. Qual a necessidade, então, de depósitos de livros?

Talvez tudo isso seja verdade, mas não justifica a conduta dos bibliotecários. É possível que se tenha carinho por objetos antiquados: de fato, em geral é o caso. Não, muitos bibliotecários detestam os seus livros, porque sentem que estão presos ao que é considerado agora um trabalho inferior e enfadonho, ainda que eles mesmos tenham escolhido a profissão.

Livreiros contaram-me o que os bibliotecários fazem com as coleções sob seus cuidados, uma vez que têm sinal verde para livrar-se delas. É verdade que livreiros são como pescadores, não acreditam nas histórias que os outros narram, considerando as que eles próprios contam como as únicas dignas de crédito; com frequência, livreiros me dizem para não acreditar no que eles próprios dizem.

Um deles me disse, há pouco tempo, que passou a pé pela faculdade de uma cidadezinha. A faculdade não era famosa por suas contribuições, tampouco por transmitir conhecimento útil ou por dar bolsas (de forma alguma querem dizer a mesma coisa), mas a sua biblioteca tinha adquirido livros raros de grande valor. O livreiro encontrou esses livros na beira da calçada fora da faculdade, pois, não tendo sido consultados durante anos, ou mesmo décadas, agora eram considerados como desnecessários.

Reconhecendo-os imediatamente pelo que eram, o livreiro foi à faculdade e dirigiu-se à bibliotecária chefe. Ele se ofereceu para comprar os livros, e ela, com a perspicácia comercial que é uma das principais características da burocracia britânica, imediatamente suspeitou que ele estivesse tentando roubar a faculdade (com isso, é claro, ela queria dizer ter lucro). Contudo, ele insistiu, e finalmente a convenceu, contra a sua vontade, acreditando que algo era melhor do que nada. Ele lhe deu um cheque. Mais tarde ele ficou sabendo, por intermédio de um membro júnior da equipe da biblioteca da faculdade, que, depois da sua partida com os livros raros, ela convocou uma reunião com os membros da sua equipe e disse-lhes que na próxima vez que fossem se livrar de livros deveriam cobri-los para que ninguém a incomodasse.

Outro livreiro contou-me uma história sobre a biblioteca central de uma pequena cidade provinciana: esta tinha história e tradição literária bastante notáveis. A biblioteca central estava saindo de uma velha sede, magnífica construção de mármore, requisitada agora para acolher escritórios de burocratas. O tamanho da nova sede significava que o número de livros tinha que ser reduzido, então o bibliotecário chefe decidiu livrar-se de todos aqueles volumes velhos com capa de couro, raramente ou nunca consultados pelo público da cidade. Um dos funcionários, um pouco incomodado com o descarte em massa e a eliminação de centenas ou milhares de exemplares velhos, levou alguns ao livreiro, entre eles a primeira edição de Malthus, de muito valor. O livreiro mostrou-me essa edição.

Ingenuamente, eu perguntei por que o bibliotecário havia preferido jogar fora os livros em vez de vendê-los. Pude ver certa lógica (a de um selvagem, mesmo assim havia uma lógica) no ato de retirar esses livros não consultados das prateleiras; mas por que não ganhar dinheiro vendendo-os?

A resposta, disse o vendedor, era simples. Há uma regra na Câmara que diz que se algo que a ela pertence for vendido por mais de cem libras, a venda tem que ser previamente aprovada. Evidentemente, isto seria impossível quando se trata de centenas, talvez milhares, de itens. A Câmara logo não faria mais nada a não ser aprovar a venda de seus livros. Era muito melhor, em termos de eficiência e de gestão do tempo, livrar-se deles como se fossem embalagens de supermercado ou latas usadas de refrigerantes.

Por causa da importância, deveríamos praticamente dizer a qualidade sagrada, dos livros no desenvolvimento e transmissão da nossa civilização, sua destruição voluntária sempre se mostrou como um ato selvagem. Se víssemos um homem rasgando um livro deliberadamente, mesmo que fosse uma obra sem muito valor, digamos um romance barato, nós o veríamos como um animal. Mas a destruição de livros *em massa* por autoridades públicas nunca foi um bom sinal para a civilização, sem falar para a liberdade.

Os livros são tanto a fonte, ou instrumento, da loucura e do mal quanto da sabedoria e do bem; James I, um homem muito lido, era considerado o louco mais sábio da cristandade, e Lênin extraiu dos livros bastante combustível (na forma de racionalização) para a fornalha do ódio que era a sua motivação mais profunda. Mas, "onde quer que queimem livros", escreveu Heine, "no fim, também queimarão pessoas". A preservação dos livros é um reconhecimento implícito da condição humana: o conhecimento e a sabedoria surgirão inevitavelmente, se é que vão surgir, da ignorância e da loucura dos nossos ancestrais, que não eram menos inteligentes do que nós, e é melhor que nunca esqueçamos as nossas origens humildes.

Não há dúvida de que a redução a lixo da coleção de livros velhos da biblioteca municipal, no sentido mais literal, não é nada se compararmos esse ato, em termos de selvageria, com o episódio mais famoso de queima de livros da história, o da Alemanha nazista em 1933. Mas a civilização pode resistir quando aqueles que são supostamente os guardiões ou protetores participam, de maneira insidiosa, da destruição dos recursos da memória dessa civilização?

Dei dois exemplos selvagens do mundo da biblioteca. Infelizmente, conheço outros casos. Dizer que eu poderia multiplicá-los indefinidamente seria um exagero, porque o meu acervo foi feito casualmente, sem nenhum esforço especial. Um outro livreiro me falou, por exemplo, de uma circunstância em que foi chamado para a biblioteca central de um município para fazer uma oferta pelos livros antigos do lugar. Ele encontrou obras do século XVII ao século XIX espalhadas no chão, e os funcionários da biblioteca literalmente andavam e pisavam neles, como se fossem uvas sendo esmagadas para a fabricação de vinho. (Muitos alunos ou estudantes relutantes carregam um livro durante horas sem nunca abri-lo, esperando que o seu conteúdo de alguma maneira entre na sua cabeça por um processo de osmose. Eu próprio fiz isso.) O livreiro preencheu um cheque para salvar esses livros do seu destino de via de pedestres, e alguns meses mais tarde ficou surpreso ao descobrir que não o haviam descontado.

4. O brilho dos anjos

Mesmo as mentes mais brilhantes às vezes têm que se interessar por objetos banais. No meu exemplar de *Human Life: a Poem* [Vida Humana: um Poema] de Samuel Rogers, de 1819, encontrei uma carta num papel lavanda desbotado, escrita com uma letra muito fina, com o seguinte recado:

> Caro Charles,
>
> Tome café comigo, se for possível, na próxima quarta-feira às 10 em ponto.
>
> S. Rogers
> St James' Place
> Segunda-feira
>
> Se não disser nada, esperarei. O portão do jardim estará aberto.

Samuel Rogers, evidentemente, não é um nome conhecido hoje em dia; ele é praticamente ignorado mesmo por pessoas mais versadas na literatura. Mas na época desse bilhete ele tinha grande importância e reputação literária. Segundo o *Dicionário de Biografia Nacional*, esse banqueiro, que lia os poemas de Thomas Gray a caminho do banco – onde se tornou muito rico –, "conquistou notoriedade entre os poetas da sua idade, por meio de um aprimoramento cuidadoso de um talento menor" (uma frase que amedronta qualquer escritor).

Obras de homens de talento menor podem resistir, é claro, especialmente se forem manifestações menores de um movimento de vanguarda. Rogers não teve sorte, do ponto de vista de sua reputação duradoura, no sentido de ser o último dos poetas augustos justamente no momento em que o Romantismo estava em alta. No fim das contas, ele se tornou o que o *Dicionário* chama de "um potentado literário" por dirigir um salão e emprestar dinheiro para os escritores, ou seja, tornou-se mais famoso pelas pessoas que conhecia e pelo que lhes emprestou do que pelo que escreveu.

Human Life [A Vida Humana] é um poema que trata das sete idades do homem em dísticos heroicos:

> Depois de todas as vicissitudes da vida, chega enfim a morte.
> Acabou o drama. Até então,
> Tão cheias de acaso e mudança são as vidas dos homens,
> Que não podíamos declará-lo feliz. Protegido então
> Da dor, do sofrimento, e de tudo que suportamos,
> Ele descansou em paz...

O consolo estoico, segundo o qual a morte é menos um esquecimento do que uma paz filosófica prolongada, dificilmente conquistada e feliz, é de certa forma incompatível com a urgência das indicações para Charles vir exatamente às 10 horas; o número 10 na carta é marcado várias vezes com tinta.

Evidentemente, Rogers era banqueiro e escritor e tinha que cuidar dos seus negócios; mas mesmo bancos têm pouca importância se compararmos com as eternidades do tempo e espaço. Podemos olhar para as estrelas e falar à vontade sobre a insignificância da existência humana, mesmo assim ficaremos irritados se o trem estiver atrasado.

Tudo isso nos lembra a sábia injunção dirigida a Rasselas, na fábula de Johnson: "Não se apresse muito para confiar nos professores da moralidade ou para admirá-los; discorrem como anjos, mas vivem como homens".

* * *

Aprendi outra lição com uma carta interessante de um autor que ouso não chamar de famoso, mas que é muito conhecido, Sir Sidney Lee.

Lee, ao nascer em 1858 numa família judia na Inglaterra, recebeu o nome de Salomão. Foi o mais famoso especialista em Shakespeare na época e o segundo editor do *Dicionário de Biografia Nacional*. Dado à leitura desde pequeno e durante a sua vida de estudante, já era conhecido por sua erudição, sem falar do seu pedantismo, como estudante em Balliol, onde as seguintes linhas foram escritas a respeito dele:

> Minha toga, a admiração dos espectadores,
> Cai como uma nota de rodapé dos meus ombros.

Comprei um exemplar de *Life of William Shakespeare* [A Vida de William Shakespeare] de Lee, depois de assistir a um julgamento de homicídio, como perito, em uma dessas raras cidades do interior da Inglaterra cuja beleza não foi totalmente destruída por uma mescla de planejamento urbano profissional e de arquitetura modernista. Como são infinitas as maneiras de classificar livros, eu poderia ter uma pequena seção na minha biblioteca denominada "Livros comprados depois de analisar ou assistir a um julgamento de assassinos enquanto se espera o trem de volta para casa".

Essa obra de Lee ainda é uma obra de referência, depois de mais de cem anos; a edição na loja de livros usados era a quarta, com uma observação a lápis do vendedor "a quarta e a melhor". (Dizer a respeito de um livro que uma determinada edição é a melhor é apologia do livreiro por não ser raro ou muito procurado por aqueles que gostam somente de raridades.)

Quem tomava conta da livraria na cidade do interior era um tipo de pessoa extremamente incomum na Grã-Bretanha: tímido, educado, instruído, modesto, um jovem dado à leitura, com roupas levemente desgastadas ou de veludo, o tipo de pessoa que pede desculpas quando alguém pisa no pé dele. Como era um dia ensolarado, o patrão dele, o proprietário da loja, a quem respeitosamente o funcionário se referia como senhor Smith em vez de chamá-lo pelo nome (o diminutivo, nem pensar), estava sentado ao sol numa cadeira do lado de fora, fumando um cachimbo com tabaco adocicado. Era um homem idoso que parecia mais um marinheiro do que um livreiro.

O preço marcado no livro era de 20 libras, e achei que eu devia dizer que havia dentro dele uma carta escrita por Sir Sidney Lee – de nenhum interesse intrínseco ou histórico, exceto que era dele.

– Você viu isso? – perguntei, mostrando-lhe a carta. – Pode ser que o preço mude.

– Creio que não percebi – disse o jovem. – É melhor perguntar para o dono, senhor Smith.

Ele saiu para perguntar ao senhor Smith, e de fato ele tinha percebido.

– Isso muda o preço? – perguntou o rapaz.

– Sim – disse o senhor Smith. – São dezoito libras.

Era absurdo, sem dúvida, sentir-se tão profundamente encorajado por esse reconhecimento generoso da honestidade; mas de repente senti que a humanidade era melhor do que imaginava. Certamente era a influência do dia ensolarado, assim como estar numa cidade tão agradável, mas fui voando para a estação.

Naturalmente, o que ajudou foi ter sido bem pago pelo trabalho como perito. Isso me permitiu esquecer, como um político moderno diria, a sordidez do crime para cujo julgamento eu havia sido convocado. Portanto, quando vejo a carta de Sir Sidney Lee, um ardor cálido de sentimento de benevolência ainda me invade, um pouco como o calor na minha garganta quando tomo conhaque.

5. Senhora Buggins

Tenho, por exemplo, dois livros que guardo juntos, embora tratem de temas muito divergentes, que são intercalados com páginas adicionais de comentários escritos à mão a respeito do texto. O primeiro é o meu exemplar de An Inquiry into the Physiological and Medicinal Properties of the Aconitum Napellus to which Are Added Observations on Several other Species of Aconitum [Uma Pesquisa sobre as Propriedades Fisiológicas e Medicinais do Aconitum Napellus, à Qual Foram Adicionadas Observações sobre Várias Espécies de Acônito] de Alexander Fleming, publicado em 1845.

Talvez esse fato dê a impressão de algo sem sal, mas está longe disso. Primeiramente, tal exemplar pertencia ao próprio Alexander Fleming (1823-1875), e também a um homem chamado Gamgee. Como Fleming mudou de Edimburgo para Cork, onde era professor de Farmacologia, e depois para Birmingham, onde foi professor da mesma disciplina, é provável que esse Gamgee, a quem pertencia o livro, fosse Joseph Sampson Gamgee, um cirurgião eminente de Birmingham que, entre outras coisas, inventou o absorvente higiênico para as mulheres.

Junto com o exemplar, quando eu o comprei, havia um pequeno panfleto, intitulado Testimonials in Favour of Alexander Fleming, M.D., Candidate for the Chair of Materia Medica in One of the Queen's Colleges, Ireland [Testemunhos a Favor de Alexander Fleming, M.D., Candidato à Cadeira de Farmacologia num dos campus do Queen's College, Irlanda], impresso em 1848 em

Edimburgo, obviamente às custas do próprio candidato, e endereçado ao Secretário-Geral da Irlanda, de quem dependia a designação da cadeira. Fleming apresentou a sua candidatura, que foi bem-sucedida, somente quatro anos depois de ter se formado, e em meio ao episódio da Grande Fome da Batata Irlandesa.[1]

O panfleto continha não somente testemunhos de vários médicos famosos da época, incluindo James Young Simpson, o descobridor da anestesia com clorofórmio, mas também trechos de críticas do seu livro sobre o acônito, até mesmo uma no *Dublin Journal of Medical Science* de setembro de 1845, enquanto milhares de pessoas morriam de fome não muito longe de onde foi escrita: "Consideramos este estudo como uma valiosíssima contribuição para esse ramo, embora estranhamente negligenciado, da medicina prática – terapêutica".

Sempre achei que vangloriar-se das próprias conquistas, como meio de progredir e subir na profissão médica, fosse algo recente, mas parece que não. Acabei vendo o fim de um breve interlúdio em que as pessoas passaram a deixar que outras tocassem a trombeta; mas trata-se mais uma vez de uma exigência burocrática (mesmo do ponto de vista de mera sobrevivência, sem falar em avanço) que suas realizações sejam recitadas em público.

Fleming era o maior especialista da sua época (talvez de todos os tempos) em acônito, ou *wolfsbane*. Ele foi o inventor da tintura de Fleming, uma solução da droga que ele recomendava como analgésico e tratamento sintomático para uma grande variedade de doenças, da dor de cabeça ao tétano. O texto do seu livro está cheio de comentários, como se fosse a preparação de uma segunda edição (que nunca foi publicada); por exemplo, com uma interrogação com palavras do próprio punho, "É verdade?", na margem, ou "frequentemente" e "às vezes" escrito acima. Infelizmente, a sua letra no comentário mais longo é indecifrável, pelo menos para mim: posso entender "Senhora

---

[1] Na década de 1840 um fungo atacou as plantações de batata na Irlanda, provocando uma brutal escassez de alimentos e uma onda avassaladora de fome e doença, responsável pela morte de cerca de um milhão de irlandeses. (N. E.)

Buggins, Worcester, maio, 1871", mas não – ai de mim – o que a senhora Buggins de Worcester disse ou fez. Segundo o recenseamento de abril de 1871, havia duas senhoras Buggins morando em Worcester.

A parte do livro mais intrigante relata o envenenamento por acônito, acidental e criminoso. É estranho que o envenenamento criminoso por acônito seja muito raro, embora a planta cujas folhas e raiz fornecem o veneno seja bastante difundida e de fácil extração. Nessa parte, o Dr. Fleming anexou relatos da imprensa da época de envenenamento por acônito, sendo o mais interessante, talvez, o do Dr. George Edward Male, conhecido como o pai da medicina forense inglesa, pois foi ele quem escreveu o primeiro compêndio em inglês sobre o assunto.

Em 1845, quando tinha 66 anos, o Dr. Male, tendo lido o livro do Dr. Fleming, e sofrendo de dores reumáticas nas juntas para as quais o Dr. Fleming recomendava o uso de tintura de acônito, tomou durante vários dias a dose sugerida. Sob o título "Morte do Dr. Male, de Birmingham", no *Medical Times* de 9 de agosto, de 1845 (a publicação e a data escritas pelo Dr. Fleming), lemos:

> Parece que o Dr. Male durante algum tempo antes da sua morte sofreu fortes dores reumáticas, para as quais ele havia tentado, em vão, vários remédios; por último, ele teve a ideia, ao ler a obra recentemente publicada pelo Dr. Fleming sobre o Acônito, de fazer um teste com essa droga.

O seu médico foi chamado quando ele começou a se sentir mal; "ele expressou [para o seu médico] a sua certeza de que iria morrer, que o remédio era forte demais para ele; mas também expressou o desejo mais sincero de curar-se, posto que a sua vida era de extrema importância para seus filhos naquele momento".

O médico retornou na noite do dia seguinte, e "o encontrou agonizante. Ele estava apático, contudo poderia facilmente sair desse estado, e o seu intelecto funcionava bem. Ele não teve paralisia; estava sereno e morreu por volta das 10 horas [na manhã seguinte]".

Seguia um discurso em louvor ao falecido, cuja passagem mais memorável é a seguinte:

Talvez a melhor prova da estima que tinham por ele, na sua profissão de Birmingham, encontra-se numa observação feita ao escritor deste artigo por um médico, correto demais para fazer um elogio imerecido, e generoso demais para não fazer um elogio merecido – a observação veio acompanhada de uma ênfase peculiar, pois foi feita sobre um túmulo: "O Dr. Male era um homem para quem eu invariavelmente tirava o chapéu".

Mas eu tiro o chapéu para o Dr. Fleming por ter tido a honestidade de inserir um artigo no seu próprio exemplar do livro, sobre uma morte pela qual ele deve ter se sentido em parte responsável.

Não sei se a sua verdadeira prática foi afetada pelo caso do Dr. Male, mas a primeira pessoa para quem se deve admitir algo desonroso é para si mesmo, caso contrário tudo está perdido. Na primeira página intercalada, ele escreveu o que parece ser uma nota preliminar para um prefácio para a segunda edição (que nunca viu a luz do dia):

> No prefácio – digamos – meu esforço sempre foi para encontrar a sua grande atividade e [ilegível] por cautela, mostrei isso, razão pela qual introduzi casos nos quais a ação foi longe demais.

Mais de um século e meio mais tarde, entretanto, o livro do Dr. Fleming (que incidentalmente teria custado uma libra para comprá-lo em 1956, segundo o catálogo daquele ano do livreiro) teve um pequeno papel no sentido de levar um assassino ao tribunal.

Levar um assassino ao tribunal não compensa a morte de um paciente, é claro, porém isso mostrou que o livro do Dr. Fleming, ao tratar de um assunto sobre o qual nenhuma obra recente foi publicada, pelo menos em inglês, ainda tem um valor científico – pois o conhecimento pode se perder, ou melhor, cair no esquecimento, assim como ser adquirido.

Um amigo meu, professor de farmacologia clínica, interessado particularmente em homicídios por envenenamento, visitou-me na França (onde a maior parte da minha biblioteca está agora) no período em que havia sido contratado para um processo num caso de suspeita de envenenamento por acônito, o primeiro na Grã-Bretanha desde 1882, quando o

Dr. George Henry Lamson foi enforcado por ter envenenado o seu cunhado aleijado com aconitina (o principal veneno do acônito), para ficar com a sua herança.

O homem que morreu nesse caso teve todos os sintomas de envenenamento por essa substância, mas nenhum acônito foi encontrado em seu organismo. Meu amigo teve então a brilhante ideia de que ele não tinha morrido de envenenamento pelo conhecido *Aconitum napellus* inglês, mas por um veneno proveniente do *Aconitum ferox* indiano, uma substância química muito semelhante mas diferente, embora com os mesmos efeitos clínicos, da aconitina, uma substância conhecida como pseudoaconitina. (O acusado era de uma família de ascendência indiana.) Foi detectada a presença de pseudoaconitina no corpo. E assim foi salvo um caso que teria sido desastroso.

O meu amigo, que logo deveria ir para o banco das testemunhas, quis munir-se de todas as informações possíveis sobre esse tipo de envenenamento, e Fleming tinha de longe os melhores e mais detalhados relatos clínicos relativos ao tema. No momento certo a mulher foi condenada, pois o seu relato sobre como a pseudoaconitina tinha ido parar no curry do ex-amante não foi convincente.

* * *

O meu segundo livro com páginas intercaladas é sobre um assunto bem diferente: o sonoro título de Henry Edwards Davis *An Examination of the Fifteenth and Sixteenth Chapters of Mr. Gibbon's History of the Decline and Fall of the Roman Empire in which his View of the Progress of the Christian Religion is Shewn to be Founded on the Misrepresentation of the Authors He Cites: and Numerous Instances of his Inaccuracy and Plagiarism Are Produced* [Um exame dos capítulos quinze e dezesseis da História do Declínio e Queda do Império Romano, livro de Edward Gibbon, em que sua visão de progresso da religião cristã se mostra fundada em interpretações equivocadas dos autores citados: e numerosos exemplos de imprecisões e plágios são produzidos].

Davis tinha 22 anos quando apresentou esse desafio para Gibbon, e ele não pode ser acusado de ter usado um título enganoso ou de não ter sido claro. Nos capítulos XV e XVI, Gibbon foi ironicamente depreciativo sobre a propagação do cristianismo na Antiguidade, atribuindo isso mais a motivos humanos normais, ou seja, desonrosos, do que ao que ele denomina "a verdade da própria doutrina". Como resposta, Henry Edwards Davis (que era somente um dos vários detratores do grande livro de Gibbon) não mediu suas palavras:

> Ao examinar as suas [de Gibbon] referências, ao serem localizadas, nós o vemos dando suporte à sua causa por meio de falsificação manifesta, sempre adotando o estranho privilégio de inserir no texto o que os escritores não lhe davam o direito de colocar... Devo apresentar aos meus leitores provas flagrantes e numerosas de que se ele tivesse consultado os autores somente com o objetivo de deturpá-los, não teria se afastado tanto da verdade quanto agora.

Resumindo, Gibbon era um mentiroso sem escrúpulos.

Gibbon, que chamou a folha de rosto de Davis de "uma declaração de guerra", respondeu em seu texto *A Vindication of Some Passages in the Fifteenth and Sixteenth Chapters of the History of the Decline and Fall of the Roman Empire* [Uma defesa de algumas passagens dos capítulos quinze e dezesseis da História do Declínio e Queda do Império Romano]. Ele tampouco mediu suas palavras:

> Cada animal emprega o sinal, rugido ou uivo, que é próprio da sua espécie; cada ser humano se expressa no dialeto que é mais compatível com o seu temperamento e propensão, que é mais conhecido para as pessoas com quem conviveu, e para os autores com quem está familiarizado...

A opinião geral é que Gibbon deu a Davis uma boa surra intelectual e literária em sua *Vindication* [Defesa], à qual Davis, não disposto a admitir a derrota, respondeu com seu texto *A Reply to Mr Gibbon's Vindication* [Uma Resposta à Defesa do Senhor Gibbon]: mas o nome de Gibbon se mantém vivo, enquanto o de Davis é totalmente desconhecido, exceto para os especialistas na história literária do período.

O meu anotador culto (cuja identidade nunca conhecerei, mas cuja letra, bela, esbelta, elegante, refinada, em inglês, latim e grego, sempre admirarei) em geral está do lado de Davis, cuja derrota pode não ter parecido tão evidente na época quanto se mostrou para a posteridade. O anotador é na maioria das vezes a favor de Davis, mas não sem senso crítico, pois às vezes escreve comentários do tipo "O senhor G. prudentemente não considera essa distorção, na sua Defesa", ou o "Senhor D. [Davis] infelizmente confundiu Eusébio", ou "Esta acusação não está correta".

Ele chega a corrigir a linguagem de Davis uma vez ou duas, com um pedantismo agressivo, ao mesmo tempo exasperado e maravilhado com o erro encontrado: na margem "Ele nos diz de fato que os fariseus realmente acreditavam numa ressurreição, e aquela ensinada pelo evangelho...", por exemplo, ele assinalou "naquela", sublinhando tanto "aquela" quanto "em" em "naquela", a única vez em suas inúmeras anotações que o anotador recorre à técnica de sublinhar. Pode-se simplesmente imaginá-lo chacoalhando a cabeça com desgosto pela ignorância dos jovens no sentido de não saber nem mesmo escrever a própria língua corretamente. Apresso-me em acrescentar que o simples fato de o anotador não ter razão na sua queixa em 1779 não significa que a mesma queixa não se justifique hoje. Não se diz que um terremoto não ocorreu simplesmente porque sismólogos há alguns anos repetidas vezes e por engano alertaram sobre a sua iminência.

Mas o anotador expressa aprovação em relação a David com muito mais frequência do que desaprovação. Muitas vezes, ele simplesmente escreve "Injustificado" na margem, nas partes em que acha que a *Defesa* de Gibbon não responde à acusação contra ele; mas às vezes escreve com uma aspereza ligeiramente mais extensa:

> Evasiva confusa.

Ou:

> O Sr. Gibbon tenta justificar a sua tradução, contudo, tudo o que diz é colocado de tal forma que nenhum homem imparcial poderia ter adotado...

Ou ainda:

> A tentativa do Sr. G. de Justificar a sua distorção continua aqui tanto com mal-entendidos quanto com distorções, e acaba num elogio de sua própria Sinceridade, dando um significado errado à palavra grega.

Gibbon é acusado aqui de traduzir a palavra grega *falsa acusação* por *acusação*, e não é fácil para alguém que não é um estudioso decidir entre as partes; mesmo um especialista precisaria de algum tempo para decidir, e é possível que não haja solução incontestável para a controvérsia, somente um equilíbrio de probabilidade. David Wormersley, o maior estudioso e editor contemporâneo de Gibbon daquela que em geral se reconhece como a melhor edição de *The Decline and Fall* [O Declínio e Queda], fala da controvérsia na sua biografia de Gibbon no *Dicionário de Biografia Nacional*: "A *Defesa* foi o único engajamento público de Gibbon em relação a seus detratores e, na opinião de quase todos os seus detratores, a sua vitória foi completa".

Mas o anotador não parece ter consciência disso. Um homem culto, parece também ter sido escrupuloso e honesto. Tem sem dúvida seus preconceitos, mas quem não tem?

Desconhecendo o julgamento da posteridade – que a vitória de Gibbon foi completa – ele tentou julgar por si mesmo, e chegou à conclusão errada (supondo que a posteridade estivesse certa). Esse é um chamado implícito à modéstia, raras vezes levado em consideração, particularmente por mim.

É possível ter muito conhecimento e ainda assim estar enganado sobre o próprio conhecimento. Dessa maneira, vemos apenas um reflexo obscuro, embora nos pronunciemos a respeito de tudo como se nossos olhos fossem ao mesmo tempo os microscópios e telescópios mais poderosos.

6. Como ser daltônico

O envenenamento criminoso aparece bastante numa categoria específica de livros na minha biblioteca: aqueles cuja primeira edição foi recolhida das livrarias. Essa categoria pode ser maior na Grã-Bretanha do que em outros países, graças à natureza das nossas leis de difamação.

Tenho, por exemplo, um exemplar da primeira edição do livro de Robert Graves *Goodbye to All That* [Adeus a Tudo Aquilo], a edição que Siegfried Sassoon insistiu junto aos editores que fosse recolhida sob pena de um processo de difamação. Também tenho a primeira edição de *Journey without Maps* [Jornada sem Mapas] de Graham Greene, que foi triturada pelo editor sob a ameaça do Dr. P. D. Oakley de uma ação de difamação (embora a maioria dos exemplares já tivesse sido vendida). O Dr. Oakley, um oficial médico da colônia em Serra Leoa, protestou contra um personagem no livro, Pa Oakley, caracterizado como um ser grosseiro, bêbado e intolerante. Greene negou que Pa Oakley fosse P. D. Oakley, mas em vão: havia provavelmente alguns outros Oakley em Serra Leoa na época.

O pobre Dr. Oakley morreu na obscuridade em 1958, aos 75 anos, ao passo que o seu detrator (se é isso o que era) saiu da fama nacional para a internacional. Tudo o que descobri sobre o Dr. Oakley é que ele foi aprovado em exames de anatomia e fisiologia em 1906, recebeu seu diploma em Medicina tropical em 1920, tornou-se diretor dos Serviços Médicos em Serra Leoa e foi condecorado em 1936 (o ano do livro de Greene) por seu trabalho lá. Foi Oficial Médico de Transporte e Oficial Médico Responsável pela Evacuação dos Trens no período de 1939 a 1946 e morreu em 1958 em Sussex. A viúva sobreviveu à sua morte durante 14 anos. Tiveram apenas um filho, que seguiu carreira como oficial da Marinha e morreu em 2003, aos 86 anos.

Sendo muito pequeno o conhecimento desse homem, há poucas chances de ter servido de modelo para Pa Oakley. Era provavelmente inteligente e trabalhador, e é muito possível que tivesse um interesse mais ativo e consistente no bem-estar da humanidade do que Greene. Mas não tinha o brilho do gênio que leva o nome de um homem de uma época para outra.

Porém, três dos meus livros recolhidos se referem a envenenamentos e envenenadores, dois deles sobre o mesmo homem, o Dr. John Bodkin Adams. O Dr. Adams era um médico evangélico da Irlanda do Norte, do grupo Plymouth Brethren, solteiro durante toda a sua vida, clínico geral em Eastbourne, a cidade calma na costa sul da Inglaterra para onde as pessoas respeitáveis e endinheiradas iam, e ainda vão, para se aposentar e morrer.

O Dr. Adams sentia-se totalmente em casa nos hotéis particulares, nas hospedagens e residências onde viúvas viviam seus últimos anos. Ao morrerem, descobriu-se que muitas delas (132 no total) colocavam o Dr. Adams em seu testamento; e rumores começaram a circular dizendo que o médico as ajudava a morrer. Como afirmou mais tarde numa esplêndida frase, ele "facilitava a passagem".

Os rumores persistiam; e mesmo antes da guerra o Dr. Adams recebia com frequência cartões-postais anônimos chamando-o de criminoso. Finalmente, os corpos de antigos pacientes foram exumados e continham grandes quantidades de heroína e opiáceos, e o Dr. Adams foi acusado de assassinato por envenenamento.

Antes do julgamento em 1957, uma obra-prima de poesia cômica, cujo autor nunca foi descoberto mas que merece ser mais bem conhecido, circulava em Eastbourne. A polícia, temendo que isso pudesse prejudicar o julgamento, tentou em vão impedir sua divulgação:

> Eastbourne é saudável
> E seus moradores são ricos
> É difícil imaginar que alguém possa morrer nesse lugar;
> Contudo essa pérola dos balneários ingleses
> É um abatedouro de viúvas –
> Quando seus recursos financeiros são altos.
> Se, além disso, elas têm sorte
> Ao escolher o seu médico
> E colocá-lo em seus testamentos
> E legar seus Rolls-Royces
> Então logo ouvirão as vozes dos anjos
> E rapidamente ficarão livres de todas as suas doenças terrestres...
> > Ao ver as falecidas serem carregadas
> > Das residências suntuosas de Eastbourne
> Ficamos calmos, pois podemos ter certeza
> De que cada senhora que enterramos
> No cemitério local
> Voltará à superfície – quando o corpo for exumado.
> É a capela mortuária
> Se tocam num pomo de Adão
> Depois de entregarem um Bentley por seus honorários.
> Então para liquidar o seu parente estranho
> Com a agulha bodkin
> Mande-o para a ensolarada Eastbourne à beira-mar.

Aqui, talvez, eu me permita um pequeno sentimento de nostalgia. A relação dos britânicos, e em particular os ingleses, com os seus homicídios, é, ou melhor, era, uma de suas características nacionais principais. É, ou era, ao mesmo tempo excitante e irônica. Não há país, creio, que tenha se dedicado tanto a ler transcrições de julgamentos de assassinos quanto os britânicos; e se eu tivesse que indicar uma data em que a cultura britânica deixou de ter características próprias valiosas, eu diria 1959, quando o último volume da série *Notable British Trials* [Julgamentos Britânicos Notáveis], o octogésimo terceiro, da firma de Edimburgo de William Hodge and Company, foi publicado.

Esses livros de capa de tecido vermelho tornavam a leitura maravilhosa; também suscitavam o desejo normal do homem pelo sensacional e dramático no que se refere à verdadeira compreensão da natureza humana. Cobiça, crueldade, paixão sexual, ódio insensato, o mal encarnado desde o nascimento, *páthos* e *bathos*: neles está tudo registrado e dissecado. São em si mesmos um curso completo da psicologia humana.

Os discursos brilhantes tanto da defesa quanto da acusação ajudam a explicar a razão pela qual advogados importantes da época eram muito conhecidos, agora a sua fama diminuiu; as falhas da Justiça – pois houve muitas – provocam um efeito catártico no leitor tão forte quanto o de qualquer literatura que conheço.

Além disso, cada uma das transcrições dos julgamentos tem uma introdução assinada por um homem ou uma mulher (uma delas, F. Tennyson Jesse, sobrinha-neta de Alfred, Lorde Tennyson) que é excelente escritor. De fato, se alguém me perguntasse o que deveria ler para saber como me tornar bom escritor de prosa, eu recomendaria as introduções da série *Notable British Trials*.

Em milhares de páginas, é raro uma que não seja interessante. Aleatoriamente, abro o meu exemplar de *Trial of George Joseph Smith* [Julgamento de George Joseph Smith], publicado por Eric R. Watson, na página 50. Smith era o abominável assassino das Noivas na Banheira, que em 1915 foi condenado por ter afogado três noivas bígamas para roubar o seu dinheiro. Embora não fosse particularmente favorecido pela natureza, não tinha dificuldade para seduzir as mulheres antes de matá-las e convencer os médicos de que tinham se afogado durante ataques epilépticos. Sob o título *Studies in Psychology* [Estudos em Psicologia], o editor do *Trial* afirma:

> O fascínio que homens muito pervertidos exercem em mulheres estimulou por muito tempo criminologistas a pesquisar – até agora com pouco êxito – que característica comum os homens maus possuem que os torna tão agradáveis para o sexo.

Talvez ninguém hoje ouse colocar essa pergunta, pois agora há grupos de pressão que exercem mais censura do que governos; mas sabe-se que (se algo da minha experiência como médico penitenciário pode ser passada) criminosos notórios, aqueles cujos feitos terríveis e perversos chegam aos jornais, raramente deixam de receber declarações de amor e convites de casamento de mulheres que nunca os viram. E, de fato, muitos assassinos famosos se casaram na prisão, às vezes com psicólogas. Criminosos insignificantes – ladrões, assaltantes malsucedidos –, em contrapartida, não atraem da mesma maneira.

Talvez a pergunta a ser feita seja que característica é comum em mulheres que se sentem atraídas por homens maus, em vez de qual é a característica em homens maus que faz com que as mulheres se sintam atraídas por eles. Afinal, não são *todas*, mas somente uma pequena parte das mulheres se sente atraída por homens maus. De fato, no caso de Smith, parece que ele seduziu ou produziu um sentimento muito forte de repulsa nas pessoas que o encontraram. No seu primeiro casamento, com o falso nome de Love, pouco tempo depois de encontrar a sua noiva pela primeira vez, provocou na família dela uma impressão tão ruim que os parentes não quiseram assistir à cerimônia.

Por que a reação da família em relação a ele foi tão diferente da reação da noiva (e, pelo que aconteceu, percebemos que se baseou numa avaliação muito mais precisa da personalidade do homem)? Isso se deve ao fato de a noiva não ter conseguido ver nele o que a sua família viu, como aquelas pessoas nos Estados Unidos que não enxergam o que é óbvio para todo o resto, que os evangélicos da televisão para quem mandam dinheiro são vigaristas e charlatães? Algumas pessoas têm a faculdade de adivinhar o mal nos outros e outras não, como se fosse uma espécie de daltonismo moral?

* * *

Obviamente, eu não gostaria de dar a impressão de que toda essa peculiaridade da cultura britânica repousava nos ombros de William Hodge and Company. A publicação das transcrições dos julgamentos era uma tradição de pelo menos 300 anos quando ele morreu, e a sua morte foi abrupta e não gradativa.

Outras editoras publicaram séries como as de William Hodge and Company: Geoffrey Bles, por exemplo. A minha favorita é *The Trial of Norman*

Thorne [O Julgamento de Norman Thorne], de 1929, que no subtítulo supõe a familiaridade do público com o caso: *The Crowborough Chicken-Farm Murder* [O Assassinato da Granja de Crowborough]. Esse é o tipo de familiaridade dos leitores que as revistas de celebridades supõem quando escrevem sobre o rompimento da relação do Jason com a Charlene: as pessoas já sabem quem são Jason e Charlene, e é por essa razão que se supõe que tal separação suscite interesse. (Não posso deixar de pensar que o interesse por um antigo assassinato é muito mais saudável e inteligente do que pelas celebridades atuais.)

A obra *Trial of Norman Thorne* foi escrita por Helena Normanton, a primeira advogada a chegar ao topo da sua profissão (ela também publicou um volume na outra série). O relato que faz do *Assassinato da Granja de Crowborough* começa da seguinte maneira:

> Na manhã do dia 5 de dezembro de 1924, uma jovem chamada Elsie Cameron foi penteada no seu cabeleireiro. Ao voltar para casa, colocou um vestido novo e pouco depois do meio-dia saiu da casa dos pais em Kensal Rise e foi para a residência do namorado perto de Crowborough. Ela achava que estava a caminho de suas núpcias e acreditava que o casamento fosse o resultado dessa jornada. Em menos de vinte e quatro horas a sua cabeça perfeitamente penteada havia sido tirada dos ombros e enterrada numa velha lata em um dos galinheiros da granja do seu amado, com o torso desmembrado enterrado ao lado. Essa foi a sua jornada, esse foi o seu destino.

Desafio o leitor a ler esse parágrafo e não continuar a leitura.

Evidentemente, não são somente as transcrições do assassinato que diminuíram, mas os próprios assassinatos. Isso foi colocado há muito tempo por George Orwell, em 1946, no seu ensaio *The Decline of the English Murder* [O Declínio do Assassinato Inglês], e o que ele disse na época é uma verdade muito maior hoje. O declínio da Grã-Bretanha como uma sociedade intensamente cumpridora da lei, passando a ser uma das mais propensas ao crime no mundo ocidental, transformou o assassinato simplesmente cru e sórdido numa coisa comum. Orwell descreveu com precisão as *causes célèbres* de antes que os tornavam tão intensamente interessantes, e ele extraiu esses elementos de um assassinato que se tornou o crime perfeito (do ponto de vista de William Hodge and Company):

> O assassino deve ser um homem sem importância, ele pode ser dentista ou advogado, leva uma vida muito respeitável numa área residencial nos arredores da cidade, e de preferência numa casa geminada, permitindo que os vizinhos ouçam sons suspeitos através das paredes. Deve ser presidente de uma subdivisão local do Partido Conservador ou um não conformista proeminente e um forte defensor da Moderação. Ele pode se perder acalentando uma paixão cheia de culpa por sua secretária ou pela esposa de um rival de profissão, e somente é levado à opção de assassinato depois de longas e terríveis lutas com a sua consciência. Após ter decidido pelo assassinato, ele o planeja da forma mais ardilosa possível e só escorrega em algum mínimo detalhe imprevisível. O meio escolhido deve, evidentemente, ser o veneno. Em última análise, ele deve cometer o crime porque isso lhe parece menos desonroso, e menos prejudicial para a sua carreira do que ser descoberto em situação de adultério. Nesse tipo de contexto, um crime pode ter características dramáticas e até mesmo trágicas que o tornam inesquecível e causam sentimento de piedade tanto da vítima quanto do assassino.

O que atraiu Orwell em relação a Smith, o assassino das noivas na banheira, foi o fato de que enquanto uma de suas vítimas estava afogada na banheira, ele tocava no harmônio, no quarto ao lado, o hino *Nearer, My God, to Thee* [Mais Perto de Ti, Senhor].

Numa sociedade, contudo, onde não há uma respeitabilidade não conformista, não pode haver uma indignação inesperada em relação a ela. Traficantes que matam uns aos outros não suscitam muito interesse, e as pessoas se preocupam pouco com a vítima ou com o criminoso, nenhum deles é interessante. É verdade que cheguei uma vez na unidade de terapia intensiva do meu hospital e estava cheia de policiais com armas automáticas, fazendo a guarda de dois traficantes que haviam atirado um no outro, não fatalmente, mas causando ferimentos que exigiam cuidado intensivo. Essa era uma situação de algum interesse, pelo menos, potencialmente: estavam provisoriamente paralisados e usando respiradores. Não haverá um ressurgimento, temo, de *Notable British Trials*. A nossa atenção dura muito pouco, os nossos crimes são muito frequentes.

Onde estão os assassinos de antes?

7. Mas é seguro?

Retomemos o Dr. John Bodkin Adams, o envenenador de Eastbourne. O seu nome, é claro, e o seu rosto também (redondo, rechonchudo, de óculos, com um leve e sinistro sorriso de satisfação) dificilmente poderiam ser mais bem concebidos para um assassinato do tipo de Hodge and Company-Orwell. Por comparecer às vezes nos tribunais como perito judicial, aprendi muito lendo relatórios de julgamento.

O perito principal da promotoria foi um grande médico, o Dr. Arthur Douthwaite, que, do ponto de vista da acusação, mostrou-se um completo desastre.

Ele alegou que Bodkin Adams só poderia ter usado heroína com intenção assassina, o que era uma afirmação (da intenção) que não podia provar; e num interrogatório brilhante feito por Geoffrey Lawrence, QC, que trabalhava no seu primeiro julgamento criminal, ele admitiu considerar Bodkin Adams como culpado e ter adaptado todos os fatos em torno disso. Douthwaite era exatamente o que o perito judicial não deveria ser, substituindo totalmente a imparcialidade pela tentativa de condenar o assassino. Mediante a ausência de provas apresentadas no julgamento, ao júri só restou absolver o acusado.

A absolvição do Dr. Bodkin Adams acabou sendo outra fonte de renda para ele. Primeiramente, ele vendeu a sua história para o *Daily*

Express por dez mil libras – uma grande quantia naquela época. Depois ele processava as publicações cada vez que o descreviam como assassino, e sempre ganhava.

Dois livros foram recolhidos das livrarias logo depois de serem publicados por seus editores, mediante a ameaça de ação de difamação de Bodkin Adams, posto que o descreviam como assassino. O primeiro era o quarto de uma série de volumes intitulados *Famous Criminal Cases* [Casos Criminais Famosos], do jornalista Rupert Furneaux, publicado anualmente entre 1954 e 1962, com breves relatos dos crimes mais famosos do ano anterior. A série deixou de ser publicada após esse último ano, é possível que o autor tenha se cansado, ou o aumento inexorável de crimes tenha tornado a própria noção de crimes famosos anacrônica. Quando os crimes ficam triviais, deixam de se tornar famosos. O quarto volume da série, contudo, foi recolhido porque mostrava Bodkin Adams como assassino. Alguns poucos chegaram a circular, e agora são muito mais raros e caros do que os outros volumes.

Em 1963, o grande escritor de suspenses policiais Eric Ambler publicou uma obra medíocre, feita para vender, sobre a psicologia do assassinato chamada *The Ability to Kill* [A Habilidade para Matar]. (Foi a pessoa a quem dedico este livro que me mostrou como a prosa dos autores populares dos anos 1930 e 1940 era boa, e mesmo os escritores de ficção barata daquela época.) Em *The Ability to Kill*, Ambler descreveu, sumariamente, muitos assassinos, inclusive um indivíduo de uma das minhas pequenas coleções, o Dr. William Palmer, de Rugeley em Staffordshire, conhecido por seus contemporâneos como Príncipe dos Envenenadores. O Dr. Palmer foi enforcado fora da prisão de Stafford em 1856 diante de uma multidão de vinte a trinta mil pessoas (a população da cidade na época era de dez mil). Ele provavelmente envenenou 14 pessoas com antimônio ou estricnina, inclusive os próprios filhos, o melhor amigo e a sogra, tudo por dinheiro; a sua foto ainda enfeita alguns dos *pubs* da região, por falta de qualquer outro herói local. Quando estava sendo levado ao cadafalso diante da multidão vociferante, ele percebeu que a estrutura havia sido construída às pressas, virou-se para o carrasco e perguntou: "É seguro?". Ao tentar pensar na sua maldade, só se pode admirar, de alguma maneira, um homem que vai para a morte com desenvoltura suficiente para fazer uma observação tão engraçada e irônica para o homem encarregado de dar fim à sua vida – supondo que a sua observação fosse irônica.

O melhor item que tenho desse caso talvez seja uma carta aberta que o Reverendo Thomas Palmer endereçou ao presidente do Supremo Tribunal, que julgou William Palmer, na semana que precedeu sua execução, da qual só existem algumas cópias. Intitula-se *A Letter to the Lord Chief Justice Campbell, Containing Remarks upon the Conduct of the Prosecution and the Judges; Strictures on the Charge Delivered to the Jury, Illustration of its Dangerous Tendencies to the Long-Enjoyed Rights and Privileges of Englishmen* [Uma carta ao chefe de Justiça Campbell, com anotações sobre a condução do processo e os juízes; críticas à acusação apresentada ao júri, ilustração de suas tendências perigosas aos direitos adquiridos e privilégios dos ingleses]. Thomas Palmer é descrito na folha de rosto (como se fosse um título acadêmico) como *Irmão do Prisioneiro, William Palmer*, mas de acordo com a primeira edição do *Dicionário de Biografia Nacional* ele depois negou tê-la escrito. Parece-me provável; pois nem mesmo a parcialidade natural da irmandade poderia justificar a falsa descrição do caráter de William Palmer, cujo trabalho de toda uma vida e desejo de fama estão abreviados na edição atual do *Dicionário de Biografia Nacional* como *envenenador e médico* (uma categoria lamentavelmente vasta), da seguinte maneira:

> Desde a sua infância, ninguém tinha um coração mais doce do que o seu, sua caridade era inesgotável; sua bondade em relação a todos os que sofriam era bem conhecida. Para ele o andarilho buscava recursos nas suas aflições; por ele os pobres e sem-teto eram alimentados e consolados.

Com exceção da propaganda política que nas ditaduras exaltam as qualidades da personalidade do ditador, praticamente não há um resumo de caráter menos adequado ou preciso do que este; pois mesmo que fosse inocente do assassinato, há muitas provas de que Palmer, embora médico, era um perfeito canalha. Mas a carta, de 48 páginas, com mais 34 contendo documentos comprobatórios, é escrita de maneira eloquente e pelo menos evidenciam que o presidente do Supremo Tribunal, Campbell, conduziu o julgamento em Old Bailey (Tribunal Central Criminal) de uma forma escandalosamente parcial: uma versão que a história, ou seja, a maioria daqueles que a escreve, em geral aceitou. De fato, Robert Graves, que escreveu um romance histórico sobre o caso, *They Hanged My Saintly Billy* [Enforcaram meu Santo Billy] (um título inspirado na exclamação da mãe de William Palmer quando soube que ele havia sido enforcado), deve ter usado a *Carta* de Thomas Palmer ao chegar à conclusão de que o irmão deste era de fato inocente.

Seja como for, Ambler teve que recolher o seu livro e substituir o capítulo sobre Bodkin Adams por outro. Dizem que somente 50 exemplares da versão original não foram destruídos por ser literatura barata; portanto, quando manuseio o meu exemplar desse livro não muito requintado, sinto a emoção do avaro que abraça o seu ouro; não é pelo prazer do que pode lhe proporcionar, mas pelo fato de que a sua possessão não permite que outro o tenha. Há poucos prazeres mais autênticos, embora ilícitos, do que o de negar coisas para outros. Não é muito louvável, mas é humano.

Antes de encerrar o tema de Bodkin Adams e os livros que ele conseguiu eliminar por serem sujeitos a multa, vou mencionar um enigma sobre ele que não é mencionado por outros: ou seja, por que deixou tão pouco dinheiro. Ele morreu em 1984, deixando quatrocentas mil libras, uma quantia significativa, mas sem dúvida não é enorme. Muito cedo na sua carreira, quando propriedades imobiliárias eram baratas, ele comprou uma mansão de 18 cômodos em Eastbourne, o que em 1984, quando ainda morava nela, valia muito dinheiro; em 1937, ele herdou o equivalente em 1984 a quatrocentas mil libras de um paciente que, se fossem investidas sabiamente ou mesmo de forma competente, seria uma fortuna quase um século mais tarde; e enquanto algumas de suas 132 heranças eram comparativamente pequenas, o total, quando se considera que algumas incluíam Rolls-Royces e faqueiros de prata, devia ser considerável. Todo esse tempo, ele trabalhava como médico bem-sucedido, portanto ganhava bem; e salvo pelo tamanho da casa, o seu modo de vida não era extravagante. Ele também recebeu muito de ações de difamação. As suas propriedades, porém, eram muito menores do que se imaginava. Por quê?

Embora cada foto dele que vi o mostre como pessoa totalmente não confiável quando não absolutamente sinistro (embora, é claro, eu veja essas fotos com uma mente parcial), Bodkin Adams deve ter sido encantador, e talvez tivesse outras qualidades, pois quando lhe retiraram por um período de tempo o registro de médico e foi impossibilitado de exercer a profissão, muitos dos seus pacientes continuaram a ter consulta com ele, embora só pudesse indicar medicamentos sem receita que eles próprios pudessem comprar sem precisar dele como intermediário. Suspeitas de ter assassinado os seus pacientes – suspeitas, afinal, que circularam durante pelo menos 30 anos numa cidade como Eastbourne, onde nada poderia ser mantido em segredo por muito tempo – nada disso afetou a lealdade de seus pacientes em relação a ele; ao contrário, na verdade – de uma forma perversa, isso a fomentou. No caso de alguns pacientes deve ter havido um *frisson* agradável de perigo ao consultá-lo; outros devem ter tido orgulho de desconsiderar abertamente o falatório e a fofoca. Ao continuar a se consultar com o Dr. Bodkin Adams, estavam demonstrando a sua superioridade moral, sua imparcialidade britânica.

O Dr. Bodkin Adams também foi, por algum tempo, o presidente honorário da Associação Britânica de Tiro ao Alvo. Ele deve ter seduzido os membros dessa associação (ele era um exímio atirador). E parece que era gentil com os pobres, na medida em que se pode dizer que havia pobres em Eastbourne, sendo atencioso com eles; também era caridoso. É possível, de fato, que tenha dado a maior parte da sua fortuna? Se esse foi o caso, ele *certamente* obedeceu ao mandamento em Mateus 6:1: fazer boas obras essencialmente longe dos olhos dos outros.

Ele pode até ter sido o Robin Hood *de nos jours*, herdando dinheiro dos ricos de Eastbourne para dar aos pobres.

8. Pessoas e coisas boas

O último livro sobre envenenamento que tenho, cuja primeira edição em 1971 foi recolhida por ameaça de processo de difamação, é *The Young Poisoner* [O Jovem Envenenador], de Anthony Holden. Nesse caso, o processo de difamação não foi obra do envenenador, que não tinha reputação a perder, mas da equipe do Hospital Broadmoor, que se opôs à forma como foram descritos no livro.

O envenenador, Graham Young, era um homem curioso, que certamente envenenou a sua madrasta levando-a à morte quando tinha 14 anos. Ele desenvolveu um interesse obsessivo por venenos aos 11 anos de idade e o conservou durante toda a vida. Envenenou, mas não fatalmente, o melhor amigo, o pai e a irmã, e provavelmente era um grande admirador de nem mais nem menos que William Palmer.

Quando foi preso pela primeira vez, foi declarado criminalmente insano e enviado para Broadmoor, onde se dizia que havia assassinado um homem com cianeto extraído de folhas de loureiros do terreno do hospital. Também envenenou o chá de toda uma ala; contudo, um psiquiatra achou que ele havia se recuperado e que poderia ser solto com segurança. (Os psiquiatras que examinaram Young quando ele tinha 14 anos achavam que ele seria uma ameaça durante toda a sua vida.)

Graham Young foi solto e ninguém foi informado a respeito de sua história passada, para que não fosse julgado com preconceito e para que não sofresse o estigma de ter estado em Broadmoor. Ele rapidamente encontrou um trabalho numa empresa de fabricação de equipamento fotográfico de ótima qualidade, e ajudando a servir chá, logo envenenou vários empregados da empresa com tálio: dois deles morreram na pior agonia. Foram os primeiros assassinatos cometidos com tálio na Grã-Bretanha.

Não se sabe ao certo se Young leu e se inspirou no romance de Agatha Christie em que a vítima é assassinada com tálio. Primeiramente, as mortes e doenças da equipe de funcionários foram atribuídas a um vírus misterioso; foi o fato de Young se vangloriar publicamente do seu conhecimento de envenenamento por metais pesados que levou ao verdadeiro diagnóstico e à sua condenação. (Uma de suas vítimas, nesse ínterim, havia sido cremada. Foi a primeira vez na história da Justiça britânica que um assassinato foi provado por meio de análise química de cinzas.)

Diversos aspectos do caso me intrigam. Young era muito inteligente, mas nunca teve a tenacidade, a humildade ou a disciplina necessária para de fato dominar um tema. Desejando obter fama, e sendo incapaz de separar fama de notoriedade, ele recorreu a meios desonrosos para conseguir o que desejava. O seu objetivo declarado era tornar-se o maior envenenador desde Palmer.

Uma vez encontrei um prisioneiro cujo desejo de fama ultrapassava a sua capacidade de obtê-la de uma forma construtiva. Ele era inteligente, mas não o suficiente. Por conseguinte, determinou para si mesmo o objetivo de se tornar o prisioneiro mais difícil e notório do sistema penitenciário inglês; e mesmo havendo muitos tipos terríveis, a ponto de ser impossível dizer qual era o pior, ele sem dúvida conseguiu ser difícil o bastante para fazer o rodízio das prisões do país, mudando a cada duas semanas para que cada prisão se incumbisse um pouco dele, mas nada além disso, já que era uma carga. Num mundo que idolatra a celebridade – tendência que estava só começando nos dias de envenenamento de Young – a necessidade de ser diferente dos outros parece mais importante do que nunca, e o meio de fazer isso não tem a menor importância. Enquanto Palmer envenenou por dinheiro, Young fez o mesmo por fama.

Young era inteligente, mas também tinha mais instrução do que teria tido hoje. Sua carta de solicitação de emprego foi muito mais bem escrita do que a que alguém teria escrito com o mesmo número de anos de escolaridade hoje. Quando testemunhou em defesa própria no seu julgamento em 1970, mostrou ter qualidades de expressão e de pensamento analítico que eram o resultado não somente de sua sagacidade, mas de seus estudos. (Isso sugere que os estudos no seu sentido formal nem sempre são acompanhados de um grande desenvolvimento moral.)

A impressão segundo a qual os estudos formais da época eram melhores do que os de hoje só é reforçada por um texto publicado em 1973 escrito por sua irmã mais velha, Winifred (que ele tentou envenenar), intitulado *Obsessive Poisoner: The Strange Case of Graham Young* [Envenenador Obsessivo: o Estranho Caso de Graham Young]. Winifred não tinha estudos universitários e decidiu ser secretária, mas o seu livro é muito bem escrito, a sua prosa é límpida e a sua técnica narrativa é exemplar. Resumindo, é altamente culta, de um padrão que a grande maioria dos estudantes de hoje não tem. Não se sabe, é claro, até que ponto o texto foi editado; mas sabe-se, por experiência, que não se pode fazer algo de qualidade a partir de coisas sem valor.

Há um outro aspecto do livro que é mais importante ainda a partir da perspectiva filosófica. Não creio que alguém possa ler o livro sem se impressionar com a absoluta probidade, a bondade natural, da autora. O seu esforço para manter algum afeto pelo irmão, apesar de sua tentativa de envenená-la pelo simples prazer de fazê-lo, sua falta evidente de amargura ou ressentimento em relação a ele ou qualquer outra pessoa, sua estabilidade e seu equilíbrio moral despretensioso de fato impressionam e restauram a nossa fé na possibilidade de probidade do homem, no sentido que George Orwell deu a essa palavra.

Mas Winifred Young não era a única pessoa boa.

Graham Young certamente não saiu de um poço de iniquidade, de um lamaçal de egoísmo antissocial, como imaginamos ser o caso dos psicopatas hoje. Ao contrário, todos os seus parentes eram pessoas boas, gentis e decentes. A sua mãe morreu de tuberculose logo depois que ele nasceu, muito antes de poder fazer surgir qualquer trauma psicológico que pudesse explicar, ou melhor, ser usado para explicar, o seu comportamento posterior. Mas a sua madrasta, que ele praticamente matou, também era uma pessoa boa. O seu pai, que ele também tentou envenenar, era um homem honesto, honrado, que assumiu a responsabilidade pelos filhos com seriedade, e pelo que se sabe não sofria de nenhuma doença grave.

Graham Young manifestou-se como uma pessoa estranha muito cedo na vida. Nada no seu passado ou criação explica esse traço. Somos obrigados, portanto, a concluir que ele era anormal de nascença; que nasceu com uma constituição deficiente que o tornou, no sentido de H. C. Prichard, moralmente louco.

* * *

Isto, é claro, suscita questões difíceis, perguntas que os filósofos enfrentam desde o tempo de Sócrates sem ter encontrado resposta definitiva para elas. (Como teriam ficado desapontados se essas respostas tivessem sido encontradas – o que lhes restaria fazer?)

Se Graham Young fosse congenitamente responsável de fazer o mal por alguma anomalia de nascença, genética ou de outra ordem, como poderíamos avaliá-lo moralmente? Mesmo se alegássemos que somos completamente consequencialistas em termos morais – que consideramos uma boa ou má ação somente em função das consequências que ela tem – na verdade, raramente somos, pois é, psicologicamente falando, impossível que os seres humanos sejam consequencialistas no que se refere à sua moral, em relação a atos ou homens. Normalmente consideramos um homem mau não somente porque os seus atos têm consequências ruins, mas porque ele tem motivações ruins e faz deliberadamente o que é errado.

Um ato com boas consequências imprevistas, mas feito com as piores motivações, continua sendo um mau ato; e o homem que realiza esse ato é um homem mau, pelo menos quando esse mau ato não é simplesmente, como os assassinos normalmente chamam os seus crimes, "um ato único".

Graham Young era um envenenador compulsivo – *Compulsive Poisoner* seria um título melhor do que *Obsessive Poisoner* [Envenenador Obsessivo] para o livro de Winifred Young. Sabemos que ele era um envenenador compulsivo porque usava cada oportunidade que se oferecia para envenenar as pessoas, sem considerar as consequências para si mesmo, obtendo somente satisfação por ter realizado o ato em si. E por que ele usou cada oportunidade que se apresentou para envenenar as pessoas? Porque ele era um envenenador compulsivo, é claro, e é isso que os envenenadores compulsivos fazem.

Ouvi esse tipo de argumento circular em tribunais de peritos judiciais, para deleite do advogado, que logo torna (o argumento) e eles (os peritos judiciais) vazios e ridículos. O *explicandum* (aquilo que deve ser explicado) é indistinto da *explicans* (a explicação), portanto, nada é explicado; e o perito passa a ser ouvido somente como um barulho retumbante.

Estranhamente, só aplicamos esse pensamento circular aos atos muito ruins, como se somente os atos muito ruins, e não os bons, fossem anômalos.

A maldade de Graham Young requer uma explicação, mas não a bondade de Winifred. Da mesma maneira, buscamos explicações para o nosso comportamento ruim, não para o bom, que é simplesmente o resultado do exercício correto da liberdade de escolha, portanto, reflete o bem em nós, e o comportamento ruim não reflete o mal.

Não há saída para o labirinto prazeroso da filosofia moral. Aquele que entra nele nunca o deixa, de qualquer forma não com a recompensa que está procurando. Talvez as pessoas como Graham Young sejam fascinantes (em parte) porque são os testes de resistência mais sensacionais da nossa filosofia moral.

No meu exemplar do livro de Anthony Holden sobre Graham Young consta o *ex-libris* de W. Gregg. Esse *ex-libris* pode deixar o leitor alarmado, pois está dividido em quatro partes, da seguinte maneira:

```
            E
            X

            L
            I
            B
            R
            I
            S

            E
            X

EX  LIBRIS  EX  LIBRIS  EX  LIBRIS

            L
            I
            B
            R
            I
            S

            E
            X

            L
            I
            B
            R
            I
            S
```

Na parte superior esquerda há algumas grades na parede de uma cela de prisão; na parte superior direita há uma guilhotina. Na parte inferior esquerda há um cadafalso e uma corda; na parte inferior direita há uma cadeira elétrica.

A partir disso, pode-se supor que W. Gregg era um homem mórbido com tendências sádicas. Mas Wilfred Gregg não era nem uma coisa nem outra. Ele era um homem sossegado, obediente, modesto; trabalhou durante 37 anos antes de se aposentar como funcionário público, nesse ínterim formou a sua coleção de livros sobre assassinatos, tinha cerca de 7 mil quando morreu aos 76 anos, volumes que haviam sido guardados numa extensão do seu chalé na região residencial da cidade. Um livreiro que às vezes me fornece obras sobre crimes (ramo em que se especializou por 40 anos) disse-me que ele era uma pessoa boa, educada e gentil. Depois de ter se aposentado, ele escreveu (ou compilou) *An Encyclopaedia of Mass Murder* [Enciclopédia de Assassinatos de Massa] e *An Encyclopaedia of Serial Murder* [Enciclopédia de Assassinatos em Série]. Além de assassinatos, ele adorava buldogues.

A biblioteca, quase 60 anos de realização, dispersou-se depois da sua morte. A esposa morreu antes dele, e o casamento foi, como se costumava dizer nos obituários, "sem problemas". Muitos dos seus livros eram sem dúvida bastante raros, mas não o bastante, pois podiam ser encontrados em qualquer biblioteca, portanto, ninguém queria comprá-los como uma coleção. (Exceto alguns volumes. Pode-se dizer o mesmo da minha biblioteca, a qual, como vejo agora, terá o mesmo destino da de Wilfred Gregg.)

9. Mãos livres

Comprei em Dublin, por um preço barato, uma primeira edição do livro *Lives of the Most Eminent English Poets* [Vidas dos Mais Eminentes Poetas Ingleses] de Samuel Johnson, e observei nos quatro volumes anotações ou trechos adicionados com letra do século XVIII e tinta marrom descolorida (pelo menos, supus que a cor marrom fosse uma descoloração). Primeiramente, achei que essas anotações fossem obra de um pedante agitado, ávido para provar a sua superioridade em relação ao grande personagem corrigindo os seus erros.

Mas também havia algo muito comedido em relação aos comentários, um tom muito intelectual, sem objeções de repulsa, indignação, menosprezo ou todas as outras emoções prazerosas (ou seja, emoções que dão prazer às pessoas que as sentem) que aqueles que anotam nos livros em geral expressam. A letra, além disso, era firme, e não mostrava nenhuma tendência óbvia à excitação mediante a descoberta de algum erro de um homem tão eminente.

Foi Valerie Meyers, a esposa de Geoffrey Meyers, o biógrafo e estudioso literário – e ela própria uma estudiosa literária bem-sucedida – ambos estavam alojados na minha casa que, na minha cabeça, de qualquer maneira, não passa de um anexo da minha biblioteca –, quem encontrou uma parte da solução. Ela sugeriu que eu comparasse as anotações com a edição posterior de *Lives*, e eis que as anotações correspondiam exatamente às mudanças da primeira edição.

É estranho como essa descoberta causou excitação em mim, a ponto de fazer a minha mão tremer: eu que na minha fase de jovem adulto procurava avidamente o perigo, viajava com traficantes, entrevistava assassinos políticos, e enfrentava a curiosidade de alguns serviços secretos. Tudo para chegar a isto! Como os alemães dizem, para cada pequeno animal há um pequeno prazer. Para ser bem honesto, isso também excitou a minha cupidez.

Era possível que eu tivesse em minhas mãos o livro que o próprio Dr. Johnson segurou ao corrigir a primeira edição do seu livro *Lives*, publicado três anos antes da sua morte? A letra era firme demais para ser dele, que era míope e dado a tiques nervosos, e além disso sofria de muitas doenças próprias do envelhecimento. Talvez fosse a letra de alguém que transcreveu o que ele ditou.

Não sou um especialista em Johnson nem detetive, mas a minha mente começou a vagar sobre as possibilidades. Comprei os volumes em Dublin, portanto era possível que a transcrição tivesse sido feita por um irlandês. Sim, era isso, Edmund Malone! Afinal, ele era amigo de Johnson, e acrescentou comentários em quatro edições da biografia de Boswell. Estes eram, portanto, os livros em que Edmond Malone fez a transcrição do que foi ditado por Samuel Johnson! Como queríamos demonstrar.

É melhor viver na falsa ilusão — na verdade, a única que existe — do que enfrentar a dura realidade? Na minha parede há um belo retrato do começo do século XVIII de John Gay, autor de *The Beggar's Opera* [A Ópera dos Mendigos], creio que é bem do estilo do Hogarth, mas não ouso levar a Christie's com medo de ser — na opinião deles — a obra de um artista qualquer, uma cópia ou um quadro falso. Prefiro deixar intacto o meu sonho de ter conseguido algo incrível, graças aos meus poderes superiores de discriminação, por ter comprado o quadro a um preço barato.

Encontrei a solução do enigma de Johnson no verso de uma carta no meio do quarto volume de *Lives*. Essa solução era bastante interessante do ponto de vista da história literária, mas não a ponto de tornar-me rico, mesmo teoricamente (de qualquer forma eu nunca teria vendido um livro valioso, pelo menos não enquanto não me encontrasse numa situação de desespero). A carta era de um filósofo ilustre da Trinity College, David

Berman, para o editor de *The Scriblerian*, uma publicação voltada para o estudo dos escritores britânicos do século XVIII, a respeito de um artigo que havia escrito para ela. Foi no verso dessa carta que encontrei toda a solução do mistério, escrita com a bela letra de um verdadeiro especialista:

Life of Johnson de Boswell

(Oxford 1934) vol. IV, p. 63 n.

O senhor Chalmers registra aqui uma história literária curiosa – quando uma nova e ampliada edição de *Lives of the Poets* foi publicada em 1783, o senhor Nichols, fazendo justiça aos compradores da edição anterior, imprimiu os textos adicionados num caderno separado, e anunciou que poderia ser adquirido gratuitamente. Nem dez exemplares foram requisitados.

Croker, 1831.

De fato, era pouco provável que esse caderno fosse a fonte das emendas (a British Library não possui nenhum exemplar dele). O professor Berman, evidentemente um homem de muita erudição, cita a bibliografia de Courtney e Smith de Johnson, na edição de 1925, para que a maioria das correções fosse publicada na *London Magazine* em setembro, 1783, p. 142, e as do caderno "praticamente não se pediu um único exemplar". Minhas esperanças foram varridas, a minha mão deixou de tremer.

Havia uma recompensa, contudo (afora a firmeza recuperada da letra), para minha decepção. Eu havia me imaginado percorrendo bibliotecas para encontrar exemplos da letra de Edmund Malone para compará-la com a do meu exemplar de *Lives*. Pelo menos, isso não seria mais necessário. O que eu tampouco sabia na época da minha excitação é que a letra de Malone era muito ruim e difícil de ser decifrada. A letra do meu exemplar de *Lives* era legível e até mesmo elegante. Esses dois fatos por si sós mostravam que se tratava de uma busca em vão, se eu soubesse de ambos.

10. Tanques cheios de água

O que está escrito nos livros não tem interesse proporcional à importância ou à fama da pessoa que escreve, longe disso. Às vezes, encontro dedicatórias comoventes de pessoas impossíveis de serem identificadas ou até mesmo anônimas, em livros comuns.

Uma dedicatória que nunca deixa de me dar um pequeno nó na garganta, ou que chega a me levar às lágrimas, é uma muito simples. Encontra-se na primeira edição comercial de *The Unquiet Grave* [O Túmulo Inquieto] de Cyril Connolly, publicada em 1945. A dedicatória, numa letra refinada embora a tinta comece a falhar no fim, é feita em três linhas:

Para o meu querido marido
Natal, 1945
R. J. Watson

Por que algo tão simples, para não dizer comum e até mesmo banal, produz um efeito tão duradouro e poderoso em mim?

Primeiramente, é claro, é a melancolia da passagem do tempo – não de éons, pois a passagem de éons não tem impacto emocional, significa para nós não mais do que distâncias medidas em anos-luz – mas de um período que pode ser contido e compreendido dentro de uma única vida. A minha suposição é que R. J. Watson não era muito idosa quando escreveu a dedicatória, digamos que se encontrava por volta dos 30 anos, nesse caso ela seria hoje uma nonagenária. Esta ideia é bastante melancólica: a implacabilidade da flecha do tempo, a efemeridade da juventude, a inevitabilidade do envelhecimento. Se R. J. Watson, que sempre imagino, cada vez que abro esse livro, como uma bela jovem, com um ar inteligente, ao mesmo tempo doce, de cabelo louro ondulado, usando um suéter, brincos de pérola e uma elegante saia xadrez, ainda estiver viva, ela provavelmente fica sentada o dia inteiro numa sala de estar de uma casa de repouso, talvez nem tudo esteja presente na sua mente, rodeada pelo cheiro de incontinência e gritos dos dementes.

Imagino até coisas piores, que tanto R. J. Watson quanto o seu querido marido já se foram, para usar um eufemismo atual para estar morto. Pois é inconcebível que alguém que dedicou um livro dessa forma, ou recebeu uma dedicatória desse tipo, possa se desembaraçar do livro (tão fino que não poderia ser um estorvo num cubículo) antes de morrer? Creio que não; acho que foi por intermédio dos filhos, ou talvez de parentes menos próximos, que o livro chegou à loja onde o comprei.

Não é estranho que pensamentos melancólicos relativos à marcha inexorável do tempo e da própria vida que um livro desse tipo evoca também sejam de certa forma agradáveis, ou pelo menos consoladores?

É o mesmo tipo de consolo que encontro ao visitar cemitérios, "onde os rudes antepassados do vilarejo dormem", e que procuro fazer (da mesma forma que sempre entro em livrarias de livros usados) quando a menor ocasião se apresenta. Passei muitas tardes entre túmulos, lendo os nomes e datas; adoro as velhas fórmulas, tais como "Aqui jaz John Smith, quitandeiro desta cidade, *assim como* Abigail, a sua esposa".

Os túmulos que mais me comovem são os que não são tão antigos, que foram construídos há pouco tempo, digamos durante a vida dos meus próprios pais. Como são poderosas as histórias silenciosas que contam, com todas as implicações do fato de que uma mulher seguiu o seu marido, ou um homem a sua mulher, no túmulo, 35 anos depois da morte dele ou dela! Anos de solidão, anos de fidelidade à memória. Às vezes, cruzamos o túmulo de um bebê, que morreu aos 3 meses, 65 anos atrás, com flores frescas deixadas recentemente ao seu lado. Os pais, agora no fim de seus 80 anos, pelo menos, não o esqueceram; é possível que não tenham conseguido ter um outro filho. Eu os imagino: a sua dignidade é tão grande quanto a profundidade do seu sofrimento.

Não faz muito tempo, um cemitério, ou pelo menos uma cena num cemitério, restabeleceu a minha fé, nunca forte demais e bastante precária, na possibilidade da bondade humana. Foi em Llanelli, na região sul do País de Gales, uma cidade pouco atraente, mas abençoada pelo menos com dois bonitos cemitérios (o escritor Rhys Davies disse que os galeses apreciavam um bom funeral, e um enterro decente era para eles uma precondição – ou pós-condição? – de ter tido uma boa vida).

Como o dia estava bonito, fui ler no cemitério de uma velha igreja e lá me abordou uma muçulmana usando um vestido paquistanês, segurando um buquê, que tinha um inglês bom, mas com um sotaque muito forte. Ela me perguntou se eu sabia onde ficava o túmulo de alguém que tinha um nome galês comum (Margaret Davies, pelo que me lembro). A mulher que veio me perguntar havia vivido em Llanelli alguns anos antes, e Margaret Davies tinha sido a sua vizinha na época. Naquele meio-tempo essa vizinha tinha morrido e agora ela, a senhora paquistanesa, estava passando por Llanelli novamente e queria colocar flores no seu túmulo.

Fiquei muito comovido. Essa era uma prova da possibilidade de afinidade e compreensão entre duas pessoas de culturas e experiências muito diferentes. Evidentemente, uma das lições da literatura é que a compreensão entre os homens (assim como o contrário, a incompreensão) é possível em circunstâncias difíceis; entretanto, é reconfortante ter uma confirmação prática disso. E também me pareceu muito improvável que essa compreensão ou afinidade pudesse se desenvolver entre elas sem bondade dos dois lados da relação.

Apesar das alegrias sutis da melancolia induzida pela dedicatória no meu exemplar de The Unquiet Grave, a razão pela qual – a dedicatória – era e é tão preciosa para mim, tão dolorosa e assim mesmo catártica, agindo como *o cirurgião ferido manuseando o aço que interroga a parte doente*,[1] é muito mais pessoal.

---

[1] T. S. Eliot, Four Quartets 2: East Coker IV: "*The wounded surgeon plies the steel / That questions the distempered part*". (N.T.)

Tenho a impressão de que a simplicidade da dedicatória é quase uma garantia, ou de qualquer forma uma prova a favor da sua sinceridade: sua verdade absoluta.

Quem, ao ler essa dedicatória, poderia duvidar que R. J. Watson amava o seu marido? Se tivesse alguma dúvida a respeito, se ela fosse histérica, digamos, ou alguém que estava tentando se convencer de que sentia mais do que de fato sentia, as suas palavras teriam sido mais enfáticas, a sua dedicatória mais rococó. Mas:

> Não são pessoas sem coração
> Cujas palavras tampouco reverberam no vazio[2]

Mesmo a sua maneira de assinar o nome, R. J. Watson, convence-me disso. Evidentemente, pequenas palavras de carinho, em geral conhecidas somente pelas pessoas que as usam e a quem elas se destinam, podem ser um sinal de profundo afeto; mas elas também podem ocultar as fissuras.

Nenhuma mulher coloca o seu nome R. J. Watson num documento destinado ao marido, a não ser que o ame apaixonadamente ou esteja prestes a se divorciar dele (não que amor apaixonado seja incompatível com divórcio). Justamente, logo percebi exercendo a minha profissão de médico que a informalidade de tratamento entre maridos e mulheres pode não significar absolutamente nada; mas a formalidade – como quando um homem chamava a sua esposa de senhora Smith e ela o chamava de senhor Smith – invariavelmente significava um casamento bem-sucedido e uma ligação inviolável.

O amor nessa dedicatória é evidente e me comove: pois estou convencido de que o amor é uma das poucas coisas na vida que valem a pena ter ou dar, mas também – ai de mim! – sei que tive sérias dificuldades nesse campo durante toda a minha vida. De natureza muito amorosa, toda a minha expressividade foi esmagada em mim quando criança. O que não é dado com generosidade não é bem recebido e o que é mal recebido raramente continua a ser dado com generosidade.

Mesmo agora, o afeto me deixa envergonhado, não o afeto em si, mas a sua expressão, física ou verbal, como às vezes é o caso. Há muitas pessoas

---

[2] William Shakespeare, *King Lear*, Ato 1, Cena 1: "Nor are those empty-hearted whose low sounds reverb no hollowness". (N. T.)

para quem ficaria feliz em abrir a minha vida e sem hesitação; mas eu nunca as abraçaria, tampouco expressaria os meus sentimentos por elas. Em relação à sugestão de que eu poderia superar a minha pequena dificuldade, pois tenho uma ideia de onde vem, somente posso referir-me ao Soneto 129:

> Tudo isso o mundo bem sabe; embora ninguém saiba bem
> Evitar o céu que a este inferno os homens conduz.

Sem dúvida, Shakespeare estava falando de cobiça, não de níveis mais baixos da paixão humana, como simples afeto; mas esse conhecimento relativo à origem de qualquer característica indesejável – uma aparente frieza de coração no meu caso – equivale a ultrapassá-la, e substituí-la por algo melhor é, receio, uma superstição moderna superficial.

Freud, que foi talvez o criador mais importante dessa superstição, mesmo que essa não fosse a sua intenção, escreveu uma vez que se um homem fosse o ser querido incontestável de sua mãe, teria por toda a sua vida o sentimento de vitória, teria confiança no sucesso. Creio que o contrário também pode ser verdade: se uma criança cheia de sentimentos é rejeitada, ela teme uma repetição por toda a sua vida, e evita essa horrível possibilidade durante toda a sua vida construindo uma carapaça para si mesma. Felizmente, contudo, tenho conseguido compensar em outros campos, portanto, no todo, a minha vida é interessante e até divertida. Como está no *Livro de Oração*: Bem-aventurado o homem... que passando pelo vale do sofrimento, o usa para um poço: e os tanques estão cheios de água.

Sendo assim, ao mesmo tempo admiro e invejo em R. J. Watson a sua capacidade e disposição para se expor ao outro de maneira livre e vulnerável, o preço da maior felicidade que o homem conhece. Evidentemente, nós só admiramos aqueles que nós mesmos não podemos ser (ou, de qualquer forma, deveríamos somente admirar como são, caso contrário, ficaríamos no caminho escorregadio da autoadmiração). Admiro R. J. Watson porque ela era capaz de expressar o que para mim seria mais fácil escrever num livro do que expressar oralmente. O fato de o presente de Natal ser pequeno, nada extravagante, um volume muito fino, só aumenta a minha admiração por ela: nenhum grande gesto, somente amor inequívoco, autêntico.

11. Luz ofuscante

No que se refere ao próprio livro de Cyril Connolly, *The Unquiet Grave*, ele me parece indisciplinado e desmedido (mas isso pode ser o roto falando do esfarrapado), uma série de lamentações e racionalizações da sua incapacidade de fazer o que a primeira frase do livro afirma ser a única verdadeira função de um escritor: "Quanto mais livros lemos, mais percebemos que a verdadeira função do escritor é produzir uma obra-prima e nenhuma outra tarefa tem qualquer importância".

Disto estou certo, ou melhor, estou certo de que não é assim. Uma biblioteca que só tivesse obras-primas nas suas prateleiras seria entediante, e logo nos cansaria; e se nunca tivéssemos acesso a qualquer outra biblioteca, ou pior ainda, se nenhuma outra biblioteca existisse, nem saberíamos que os livros nas suas prateleiras eram obras-primas.

Todo julgamento, disse o Dr. Johnson, é comparativo; dessa maneira, nós, autores de obras menores, estamos realizando uma tarefa de extrema importância e inestimável, pois permitimos que os leitores reconheçam uma obra-prima quando a leem. Sem nós, portanto, não haveria obras-primas. Indiretamente criamos obras-primas.

No seu ensaio da Rambler número 145, de 6 de agosto de 1751, com o título "Petty Writers not to Be Despised" [Pequenos Escritores para Não Desprezar], o grande homem vem em nossa defesa:

> Os *efêmeros* da aprendizagem têm usos mais adequados para os objetivos da vida comum do que os livros mais pomposos e duráveis... Cada leitor requer um gênio de capacidade correspondente; alguns se comprazem com resumos e epítomes, porque querem espaço na sua memória para longos detalhes, e contentam-se com efeitos, sem investigar as causas; algumas mentes são oprimidas pelo esplendor do sentimento, como alguns olhos são agredidos pela luz ofuscante...

Além disso – embora Johnson não o diga – as nossas mentes não são todas iguais no que se refere a tendências. Posso ler Aristóteles durante uma hora, mas não o dia inteiro; posso ler Agatha Christie na cama, mas não às 10 horas da manhã. Connolly está usando as bobagens que os nobres estetas usam.

Num determinado momento, num ponto mais adiante do livro, Connolly cita (sem tradução, monoglotas não podem ler *seus* livros) Sainte-Beuve, uma citação que tem uma relevância especial para mim:

> *Je ne suis pas complètement moi que la plume en main et dans le silence du cabinet.*
> (Só sou eu completamente com uma pena na mão e no silêncio do meu escritório.)

Há algo profundamente desvirtuado em relação a isso (embora me descreva bem), pois o homem não é um animal social que vive e leva a sua vida servindo e sendo servido por outros? Mas há recompensas para o homem desvirtuado para o qual escrever é, quando não tudo, pelo menos o significado mais importante da sua existência. (Com frequência eu me pergunto como viviam os escritores antes da invenção da escrita e mais ainda da impressão.)

Um homem para o qual escrever é tão importante olha para a vida como se fosse um aquário, e ele do lado de fora olhando para dentro. Por exemplo, uma vez fui preso na Albânia (evidentemente, numa visita depois que a democracia foi instituída – não posso dizer, nesse contexto, restaurada). Eu tinha ido para a praça central, Skanderberg, de Tirana, para tirar fotos de policiais – que alguns meses antes haviam sido comunistas leais, dedicados a apoiar o regime – dispersando violentamente uma manifestação, contra o governo no poder, de uma pequena multidão de... comunistas. Essa manifestação aconteceu na manhã do dia da minha partida.

Enquanto eu estava tirando fotos das pessoas que fugiam de uma chuva de pancadas de cassetetes, senti a parte superior do meu braço ser agarrada por algo como se fosse de ferro. Na verdade, era a mão de um policial enorme, e lutar com ele teria sido um gesto insano. Empurrou-me para um veículo parecido com o que é usado para pegar animais de rua, e fui jogado para dentro dele como se eu não tivesse peso algum, e continuou a usar o cassetete enquanto dirigia. A minha única queixa contra esse tratamento autoritário foi a seguinte exclamação:

— Você não pode me prender, tenho que pegar um avião!

Felizmente ele não falava inglês, pois, apesar da modéstia aparente do meu comportamento, essa exclamação revelou a arrogância e a autoimportância que sempre estão se debatendo dentro de mim, como as fúrias da Caixa de Pandora, e às vezes isso sai.

Três albaneses, um deles falava inglês perfeitamente, foram jogados da mesma forma no veículo enjaulado, e depois fomos levados atabalhoadamente pelas ruas até a delegacia de polícia, fomos arrastados para dentro e forçados a não resistir com alguns golpes de cassetete. Fomos jogados na mesma cela.

Um suspeito estava sendo interrogado, ou obrigado a confessar, umas poucas celas mais adiante. Ele estava gritando de dor, pois vários policiais o tinham chutado e batido nele, agredido verbalmente e feito ameaças. Os albaneses com os quais haviam me prendido começaram a gritar e a reclamar, e diante dessa situação decidi assumir o controle. Pedi ao homem que falava inglês que traduzisse.

— Diga a eles que parem — falei — senão vamos todos apanhar. Agora não é hora de ser balcânicos; terão que começar a ser britânicos. Britânicos não fazem algazarra. Não berram, não gritam, nem choram. Diga a eles que fiquem quietos e que se comportem.

Por estranho que pareça, funcionou. Talvez tenham se dado conta de que eu tinha razão, ou o efeito do choque de estar na companhia de alguém tão peculiar quanto eu, mas pararam imediatamente, como as cigarras que param de fazer barulho ao anoitecer. Evidentemente, eu me senti um pouco culpado pelo que disse, pois não era verdade. Pode já ter sido verdade que os britânicos não fazem algazarra, não berram, não gritam, nem choram, embora a tortura talvez fosse vista como uma circunstância atenuante para esse tipo de comportamento, mas não era verdade agora. Mesmo assim, uma mentirinha, contendo um elemento de nostalgia para meus compatriotas perdidos, era aceitável naquelas circunstâncias, embora Kant não tivesse permitido. Mesmo naquele momento estranho, a opinião de Kant estava presente na minha mente? "Veracidade... é o dever formal de um indivíduo em relação a todos, por maiores que sejam as desvantagens para si ou para outros."

Depois veio a crise moral, e não posso dizer até o presente momento se passei no teste ou não. Tendo a dizer que não.

Amigos meus viram a minha prisão e entraram em contato com um alto membro do governo com quem, coincidentemente, tínhamos jantado na noite anterior. Ele ordenou que me soltassem.

Quando os policiais que bateram em mim vieram à minha cela e me disseram que fosse embora, eu não sabia, mas imaginei, que fora isso que havia acontecido. A atitude do policial em relação a mim agora era nitidamente embaraçosa, e percebi que havia uma mudança decisiva na balança do poder entre nós. O seu destino, ou de qualquer maneira a sua carreira, estava em minhas mãos e eu poderia vingar-me dele se eu quisesse, ou é assim que ele deve ter pensado. Eu não tinha desejo de vingança. Entretanto, a questão era se eu devia concordar em deixar a cela e os meus três parceiros de cela entregues ao seu destino?

Fui embora, dizendo a mim mesmo que eu seria mais útil para eles em liberdade do que quieto na cela. Mas é claro que esse raciocínio também coincidiu com o que eu queria fazer, uma coincidência muito conveniente. Sinceramente, estava mais preocupado em pegar o meu avião (o que eu fiz). De fato, fiz petições em nome deles por intermédio de um amigo e eles foram soltos; mas não fiquei até que fossem soltos. Como Hamlet diz: "Um pensamento que, dividido em quatro, tem apenas uma parte de sabedoria / E três partes de covardia".[1]

---
[1] Shakespeare, *Hamlet*, Ato IV, Cena 4. (N.T.)

Ao deixar a delegacia, para ser levado de volta ao meu hotel no melhor carro disponível, o policial que tinha me agredido colocou a mão direita no peito e inclinou levemente a cabeça para mim, num gesto de profundo arrependimento por ter agredido alguém ligado aos poderosos. Desde então, sem dúvida alguma irracionalmente (isso se chama em psicologia "aprendizagem após uma única tentativa"), sinto uma repugnância profunda e visceral por mãos no coração – não que antes eu admirasse o gesto.

* * *

Embora eu tivesse me envolvido profundamente no episódio, também estava completamente desligado dele, como se eu fosse mais um observador do que participante, e o meu lado antropólogo também se achava presente entre os torturadores. Constantemente, e enquanto eu estava sendo agredido, ficava pensando: "Como vou descrever isto?". O policial me agredia e eu pensava na palavra certa para descrever o episódio. Se ele soubesse disso, sem dúvida teria se esforçado um pouco mais.

É ótimo tentar desapegar-se da sua experiência dessa maneira; torna o que é maçante interessante e o que é doloroso suportável (dentro de devidos limites). Reduz o sofrimento – o seu de qualquer maneira. Mas como a maior parte do que é ótimo, um excesso pode ser ruim para você. É viciante, e depois você vai pela vida afora como se fosse uma farsa montada para sua diversão, ou para supri-lo de material. As pessoas se tornam insetos para você, ficam zumbindo ao seu redor. As pessoas percebem que você não está ligado a elas e ficam ofendidas com isso. O seu caderno de anotações, a busca da palavra certa, está entre você e o verdadeiro sentimento. E você até se torna um objeto para você mesmo.

Os médicos, obviamente, são propensos a essa deformação psicológica. Veem cada transformação do sofrimento humano (ou pelo menos costumavam fazer isso na Grã-Bretanha, até a implementação da *European Working Time Directive* [Diretriz Europeia do Tempo de Trabalho]. Mas são treinados a não reagir a esse sofrimento como é natural para os leigos. Costumavam, antes da maior parte da realidade se tornar virtual, ser mandados para a sala de dissecação no seu primeiro dia da faculdade de Medicina, justamente para aprender a controlar as emoções naturais, nesse caso a repugnância, para alcançar um objetivo maior, às vezes, passar nos exames de anatomia. Afinal, um médico que se descontrola cada vez que encontra algo trágico ou horrível seria tão útil quanto um terapeuta numa guerra nuclear (ou depois da morte de alguém).

Um Somerset Maugham, que pensava que o seu treinamento como médico o colocara numa posição excelente como escritor, embora nunca tenha de fato exercido a profissão depois de se formar, põe muito de si mesmo e da sua filosofia (como ele gostaria que fossem mais do que de fato foram, num nível mais profundo) no protagonista, Dr. Saunders, do seu romance *The Narrow Corner* [O Canto Estreito]:

> O Dr. Saunders tinha um tipo de interesse nos seus colegas que não era muito científico nem humano. Ele queria que o distraíssem. Ele os considerava sem emoção, o que lhe proporcionava a mesma distração para desemaranhar a complexidade das pessoas, como um matemático ao encontrar a solução de um problema... Era alguém de relacionamento fácil. Mas não tinha amigos. Era uma companhia agradável, mas não procurava ter intimidade, tampouco permitia que houvesse intimidade. Não havia ninguém no mundo com quem não fosse indiferente emocionalmente.
>
> Ele era egoísta, mas como também era sagaz e desinteressado, poucos sabiam disso e ninguém se incomodava. Ele confundia pessoas e pacientes. Uma página igual a outra como num livro interminável, e havia muitas repetições acrescentadas de maneira estranha. Era curioso ver como todas essas pessoas reagiam às situações cruciais do ser humano, mas isso não tocava o seu coração nem o deixava irritado. Não sofria, nem tinha pena. E mesmo assim tinha um jeito muito solidário. Não se podia negar que tinha tido uma boa vida, pois era caridoso e gentil, e dedicava suas energias para o alívio da dor, mas se a motivação explica a retidão, então não buscava o louvor; pois não era influenciado nas suas ações por amor, tampouco por piedade ou caridade.

Isso não está muito distante do budismo, com sua crença de que a eliminação da dor é o bem supremo, e que como todo desejo leva inevitavelmente à dor (*post coitum omne animal triste* – todo animal fica triste depois do coito), o prazer também deve ser eliminado. Não é uma mera coincidência que Maugham tenha escrito longamente sobre o Oriente, e que muitos dos seus romances e contos sejam sobre a busca de paz interior no Oriente, ele tinha tantas fontes de infelicidade que a vida do Dr. Saunders, com quem ele às vezes se parecia fisicamente, deve ter sido considerada por ele como ideal.

Às vezes para mim também. Entretanto, a cadeira na minha biblioteca é uma casa que se situa entre o apego e o desapego, entre a Árvore de Bodhi e o mundo em geral.

12. Uma van branca

Viajei pela América Central dirigindo uma picape Toyota branca. Na época eu estava escrevendo um livro sobre a Guatemala, mas também queria visitar El Salvador, Honduras e Nicarágua (a Costa Rica me interessava menos porque não tinha guerra civil). Eu tinha passado um tempo em El Salvador que, na época, como a Guatemala, estava no meio de uma guerra civil. Em São Salvador, a sua capital, pedia-se aos clientes dos supermercados que deixassem suas armas fora em contêineres que em outros países serviam para deixar guarda-chuvas, mas lá estavam cheios de armas automáticas. Não era difícil reconhecer os carros dos esquadrões da morte, com vidros escuros e um pequeno círculo de vidro transparente para que os motoristas pudessem olhar para fora. Na Guatemala, ao contrário, tinha o *panel blanco* – a van branca com a qual as pessoas tinham de ser cautelosas.

O presidente de El Salvador na época era um democrata-cristão chamado Napoleon Duarte, que havia sido vítima de tortura do regime militar. Agora ele era a imagem democrática de um país ainda altamente militarizado que lutava contra uma insurgência de guerrilheiros liderada por intelectuais. Um camponês salvadorenho disse-me algo de que nunca esqueci, pois era indicativo de uma compreensão muito sofisticada.

– Os guerrilheiros são melhores do que os soldados – ele afirmou – mas não quero que ganhem.

Duarte era conhecido pelos jornalistas como "Old Leatherlungs", por sua capacidade de falar durante horas a fio em entrevistas coletivas (na verdade, ele tinha uma doença terminal, e morreu logo depois de câncer de pulmão). Em geral, era menosprezado por pessoas sensatas, ou seja, todos os estrangeiros a favor das guerrilhas. Eu não era um deles: a imprensa era muito mais livre no governo dele do que antes, embora guerrilheiros com frequência ainda lançassem granadas no centro da cidade depois do anoitecer e a embaixada americana estivesse coberta por uma rede contra mísseis.

A maior livraria em São Salvador se chamava La Catedral del Libro, a Catedral do Livro. Tinha um estoque impressionante. Havia na mesma mesa, por exemplo, pilhas de *Mi Lucha*, de Adolf Hitler, e de *El Capital* de Marx, separadas por uma outra de *Cafemáncia* (a arte de adivinhar o futuro a partir da borra do café), cujo autor não me recordo.

Comprei muitos livros sobre El Salvador na livraria *La Catedral*, inclusive um sobre Rutilio Grande, um padre que (como era costume entre os padres na época) apoiava as guerrilhas, juntou-se a elas e perdeu a vida. Foi esse livrinho, entre outros, que me colocou numa situação difícil na fronteira de Honduras.

Quando cheguei à fronteira, o guarda hondurenho encontrou os livros, cerca de trinta, na traseira da minha picape. Achou primeiramente suspeito, e pensou que eu fosse perigoso. Ele pegou o livro sobre Rutilio Grande, e mais um ou dois, e levou para o chefe dele, que concluiu que eu devia ser rapidamente deportado.

Eu praticamente tinha esquecido que afinal os hondurenhos detestavam os salvadorenhos e todas as suas obras, e que um estrangeiro expressasse algum interesse pela história e política de El Salvador não era um bom sinal para os hondurenhos. Tinha lido um livro havia alguns anos (que eu ainda tenho, pois nunca me desfaço de um livro) sobre a chamada guerra de futebol entre El Salvador e Honduras que surgiu por causa de um pênalti num jogo entre os dois países, no qual morreram 3 mil pessoas e dezenas de milhares tiveram que fugir de suas casas. O autor do livro, um antropólogo americano, recusava-se a acreditar que uma guerra pudesse "na verdade" ser motivada por algo tão banal quanto um pênalti, e provou para a sua própria satisfação que, ao contrário, "na verdade" era motivada por terra para agricultura de subsistência, visto que El Salvador era um país com excesso de população que carecia de terras, e Honduras era uma nação pouco povoada com muita terra não cultivada.

O que "na verdade" significa nesse contexto? Quando comprei e li o livro, a hipótese de loucura humana me pareceu muito mais plausível como explicação do que a interpretação econômica. Eu queria muito me assegurar, pois a minha vida estava à deriva e sem objetivo devido às minhas deficiências de caráter, de que eu não era tão insano quanto os homens são capazes de ser. (Um dos meus títulos preferidos na minha biblioteca é *A Brief Introduction to the History of Human Stupidity* [Breve Introdução à História da Estupidez Humana], de Walter B. Pitkin, publicado em 1936 – desde então, é claro, a estupidez não está em declínio, mesmo que esse livro tenha sido traduzido em 15 línguas. A breve introdução é de 547 páginas. Um outro livro do autor tem como título *Life Begins at 40* [A Vida Começa aos Quarenta].

Em defesa da minha preferência do argumento da estupidez eu poderia salientar que, quarenta anos mais tarde, o Egito e a Argélia poderiam começar uma guerra por causa de um incidente muito parecido se dividissem uma fronteira como El Salvador e Honduras. Não posso deixar de lembrar-me disso quando recebi, por alguma razão, comunicados do Programa de Desenvolvimento da ONU relativos ao seu Esporte para o Programa de Desenvolvimento, mensagens que alegam que o esporte internacional promove não somente o desenvolvimento econômico, mas também a compreensão entre as nações.

Fui deportado de Honduras às minhas próprias custas. Tive que pagar para que um soldado me acompanhasse até a fronteira da Nicarágua. Obviamente, não me considerava uma pessoa muito perigosa, mal partimos e ele adormeceu, a sua arma estava entre os seus joelhos e o cano da arma apontado diretamente na direção da minha cabeça. Eu acreditava que ele tinha acionado o dispositivo de segurança, pois a estrada estava cheia de buracos; nunca descobri se tinha acionado ou não, mas sobrevivi. O poder do seu sono era formidável e ele somente acordou para o almoço, que paguei para ele.

* * *

A única vez na minha vida em que fui preso (e deportado) foi lá. Na Nicarágua, logo adquiri uma pequena biblioteca bastante respeitável de publicações nicaraguenses contemporâneas. Eram extremamente baratas porque eram produzidas pelo governo, contavam com muitos subsídios e eram todas escritas com o mesmo ponto de vista, ou seja, o da mistura de um governo de um nacionalismo antiamericano e de um socialismo autocomplacente, que desejava insuflar na população em detrimento de todas as outras maneiras de pensar. Havia uma profusão da historiografia revolucionária, estabelecendo que o governo da época, o sandinista, era tanto um resultado inevitável de toda a história nicaraguense até então quanto moralmente acima de qualquer crítica.

Qualquer um que conhecesse, como eu, esse modelo como produzido em Cuba reconheceria imediatamente o padrão, e comprei muitos dos livros não porque eram interessantes em si mesmos – depois de ter lido um, você tinha na verdade lido todos –, mas porque me pareciam um registro documentário de um momento histórico importante (cuja importância agora de certa forma desapareceu). Duvido que haja exemplares dessa literatura em alguma livraria britânica, e pretendo um dia doá-los para uma biblioteca que tenha algum interesse pela América Latina.

Também havia uma profusão de poesia pós-revolução, ou pelo menos uma profusão de publicação de poesia (li uma vez que três quartos da juventude britânica, em geral não muito poética nem em termos de aparência nem de conduta, escreviam poemas em algum momento) quase sempre abominável, sem forma, mais veemente do que emocional, tão ultrapassada e estereotipada no aspecto imaginário quanto a que é usada por um consultor de gestão. Havia uma exceção, o padre político e poeta Ernesto Cardenal, cuja poesia tinha mérito de verdade (embora fosse um ótimo poeta bem antes da revolução).

Guardei na memória, da qual fugiu mais tarde, o seu poema, *Somoza Develiza la Estatua de Somoza en el Estadio Somoza* [Somoza Descobre a Estátua de Somoza no Estádio de Somoza], um título que por si só capta perfeitamente o absurdo e o disparate da ditadura. No Paraguai, estive uma vez em Porto Stroessner a bordo do *MV Alfredo Stroessner* enquanto a *Polca Alfredo Stroessner* (parte de uma coleção de músicas num disco intitulado *Cantos a mi General*, Canções para meu General) tocava no sistema de amplificação de som.

Uma picape carregada de livros e panfletos revolucionários da Nicarágua poderia causar alguma dificuldade nas fronteiras de El Salvador e da Guatemala quando eu voltasse para esses países: os quais estavam, afinal, lutando contra suas próprias insurgências marxistas, e seus guardas na fronteira mal podiam diferenciar entre pessoas irônicas como eu, que desconfiavam dos revolucionários, e viajantes camaradas dos revolucionários, como era o caso da maioria dos visitantes estrangeiros daquela época.

No fim das contas, ninguém teve a menor suspeita acerca da literatura incriminadora, nem sequer de uma fotocópia de um aviso da Frente Farabundo Martí para la Liberación Nacional (FMLN) para o *alcalde* (o prefeito) de uma cidade em El Salvador de que ele seria morto se participasse das futuras eleições, e que guardei como lembrança da época. Afora a verdadeira ameaça de morte, o aviso havia sido escrito com os termos mais cavalheirescos, de uma elaboração e polidez que beirava o rococó: podia-se até imaginar que fosse usado como modelo em um desses livros que ensinam as pessoas a usarem a forma correta de redação de cartas, tendo como título "Ameaçar um prefeito de morte durante uma eleição", que vem imediatamente depois de "Agradecer a um bispo por ter dado início a uma festa ao ar livre".

Por estranho que pareça, foi quando eu estava escrevendo sobre o meu problema na fronteira hondurenha que outro incidente com um livro numa fronteira veio à minha memória. Foi num trem de Lourenço Marques, como ainda se chamava na época, em Moçambique, que havia se tornado independente fazia pouco tempo, para Johanhesburgo. Basta dizer que essa não era uma rota muito percorrida por turistas na época, na verdade eu era o único passageiro a bordo, para dizer o mínimo, havia altas tensões políticas. O guarda do trem me via nitidamente como uma espécie de maluco.

Eu levava alguns livros comigo que (graças à diferença entre o mercado oficial e o mercado negro ou aberto, da taxa de câmbio) eu havia comprado por frações de um único centavo no clube inglês em Beira, que os turistas de língua inglesa da Rodésia e da África Sul haviam frequentado como *resort* costeiro. Mas o livro que suscitou a suspeita do policial na fronteira africânder era o Shakespeare da Oxford Standard Author que eu tinha comigo em papel-bíblia. Ele deu uma olhada e indagou:

— Estas são *todas* as peças de Shakespeare?

Ele conseguiu com sua entonação insinuar que havia algo muito estranho na possibilidade de que eu tivesse deliberadamente excluído algumas das obras do Bardo — eliminando-as, talvez — do volume. Disse-lhe o que achava na época, que eram todas as obras, embora eu saiba agora que alguns especialistas atribuem outras peças a ele também. Mas era evidente pelo jeito do policial que ele desconfiava profundamente dos leitores em geral.

Na verdade, de certa forma estou de acordo com essa ideia. Leitores podem ser muito suspeitos, até mesmo perigosos.

13. O estado atual

Comprei o meu exemplar do livro de Rex Warner *The Wild Goose Chase* [A Caça do Ganso Selvagem] – sabendo a seu respeito somente que era um romancista muito moderado, um excelente tradutor do grego – por causa da inscrição, ou melhor, duas inscrições com uma letra refinada: "Comprado em Portmadoc e lido durante as férias em Portmeirion 10 x, 1947".

A segunda inscrição com data de 39 anos mais tarde, com uma letra exatamente igual, apesar da probabilidade de o dono da letra ser muito mais velho então, com a mesma caneta e tinta (algo inimaginável hoje), dizia: "O último livro que Bárbara leu durante a doença que causou a sua morte. Ela gostou muito do livro 19 x 1977".

Isto também enche o meu coração de tristeza e com um estranho, indefinível consolo dessa tristeza. Há também alguma ironia, pois a primeira frase de *The Wild Goose Chase* é: "Constantemente eu me pergunto como posso explicar meu estado atual, o qual, suponho, seria correto descrever como o de morte".

Lembro-me muito de 1977 como se fosse ontem. Fui para a Índia com a intenção de não voltar durante alguns meses, talvez alguns anos, talvez nunca, em busca de material para um grande livro. Em vez disso, peguei um vírus no avião para Deli, tive uma miocardite viral e uma falência cardíaca, a qual, suponho, poderia ter me matado (isso é carma). Eu me recuperei e voltei para a Inglaterra para retomar o meu trabalho, tal como antes, depois de uma breve estada no hospital em que não se descobriu nada mais sobre a minha doença do que já se sabia.

Camus já disse que o homem só tem um problema filosófico verdadeiramente sério, o suicídio, mas ele estava enganado: o único problema filosófico verdadeiramente sério é a morte, e o que ela significa para a vida. Comprei um outro livro por causa de sua inscrição anônima, embora eu também estivesse ligeiramente interessado no tema do livro, e quem não poderia estar? De 1816, de Joseph Taylor, o seu título mal poderia ser acusado de falta de especificidade sobre o conteúdo:

> O Perigo do Enterro Prematuro, Comprovado em Muitos Casos Extraordinários de Pessoas que se Recuperaram depois de Serem Preparadas para o Enterro, e de Outras Sepultadas Vivas, pelo Desejo de Serem Adequadamente Examinadas antes do Enterro. Da Mesma Forma, uma Descrição de Como os Egípcios Antigos, e outras Nações, Preservavam e Veneravam os seus Mortos, e um Curioso Relato de suas Lâmpadas Sepulcrais Sempre Acesas e de Mausoléus. Também os Efeitos Perniciosos de Enterrar dentro de Igrejas, e Pequenos Espaços Contíguos às Igrejas, Causando Assim a Perda de Muitas Vidas Valiosas, para o Público, e seus Amigos, Selecionados a partir de Registros Históricos.

Abaixo do nome do autor, em pequenas letras itálicas entre aspas, há o que parece ser uma citação, cuja fonte eu nem tentei identificar: "Reviver fechado num Caixão! Um retorno da Vida na Escuridão, Distração e Desespero! O Cérebro mal consegue refletir, em nossos momentos mais tranquilos".

Acima do título, contudo, a lápis, as seguintes palavras estão inscritas: "Aquele que gostar de histórias inverossímeis, aqui as encontrará, para alegria do seu coração".

Lembro-me da primeira vez, ainda médico inexperiente, em que fui chamado para atestar o óbito de um paciente. Ele parecia estar bem morto; e há um *je ne sais quoi* em relação à morte. Mas ao colocar, nervoso, o meu estetoscópio no seu peito, em vez de não ouvir absolutamente nada, ouvi todos os tipos de sons. Eu os imaginei? Então, que sons eram e como eram causados? Ninguém havia me dito o que esperar. Os rosnados, gargarejos e arranhões: era o sangue correndo através dos meus ouvidos, o som da fricção do meu estetoscópio na pele do cadáver, ou mudanças *post-mortem* acontecendo nos seus pulmões?

Assinei o formulário (havia muita gente esperando ser atendida), e pelo que eu saiba o homem não despertou para uma nova vida no necrotério. Para dizer a verdade, eu estava preocupado não tanto por ele, mas por mim e pela minha reputação no hospital. Imaginem como eu seria ridicularizado se tivesse feito um diagnóstico de morte errado. Às vezes, há em jornais casos de mortos atestados que desafiaram a convenção e retornaram à vida (e conscientes) ao toque da serra do patologista. São poucos – mas, *post-mortems*, o último tribunal de recursos do diagnóstico de um médico, também são raríssimos agora.

Havia toda uma literatura sobre o tema do enterro prematuro no século XIX. Edgar Allan Poe não foi o único. Como florescimento tardio dessa literatura, também na minha biblioteca, há *Premature Burial and How it May Be Prevented with Special Reference to Trance, Catalepsy, and Other Forms of Suspended Animation* [Enterro Prematuro e Como Deve ser Prevenido, com Especial Referência a Transe, Catalepsia e Outras Formas de Animação Suspensa], de William Tebb e do Coronel Edward Perry Vollum, este último, médico inspetor do exército americano, segunda edição, de 1905.

O próprio Vollum quase teve um enterro prematuro (a não ser que fosse um mentiroso sem princípios e tivesse inventado a sua história). Segundo o seu prefácio:

> O Dr. Vollum interessou-se pela primeira vez pela questão importante do Enterro Prematuro depois de ter escapado por pouco de ser sepultado vivo, após ter sido declarado morto por afogamento, e preparado para ser enterrado, quando a sua consciência felizmente retornou de forma espontânea.

A sua consciência retornou felizmente, mas duvido que fosse uma consciência feliz. Além disso:

Mais de uma vez o Coronel Vollum ajudou a salvar pessoas dos destinos mais horrendos, apesar da oposição e zombaria dos médicos, padres e de parentes, que protestavam muito contra qualquer atraso nos enterros daqueles que erroneamente declararam estar sem dúvida alguma mortos.

O livro contém descrições (e ilustrações) de vários mecanismos através dos quais a horrível eventualidade pode ser evitada. Há, por exemplo, a invenção do Conde Karnice-Karnicki, chefe de Gabinete do Czar da Rússia e doutor em Direito pela Universidade de Louvain. Para descrever, o melhor é citar:

> Falando em termos gerais [o aparelho] é feito de um longo tubo, com um diâmetro de aproximadamente oito centímetros, e de uma caixa hermeticamente fechada. O tubo é encaixado numa abertura do caixão assim que este último é colocado na sepultura. Nenhum gás pode escapar da tumba para fora, visto que a caixa metálica na qual a extremidade superior do tubo entra não pode ser aberta do lado de fora.
>
> No peito do corpo supostamente morto coloca-se uma bola de vidro, com diâmetro de vários centímetros, presa a uma mola que está ligada através do tubo a uma caixa de ferro acima do solo.
>
> Ao menor movimento da caixa torácica, como no ato de clara respiração, ou movimento do corpo, a bola de vidro solta uma mola que faz com que a tampa da caixa de ferro se abra imediatamente, permitindo assim a entrada no caixão tanto de ar quanto de luz. Ao mesmo tempo, uma bandeira é erguida perpendicularmente cerca de um metro e duzentos centímetros acima do solo, e um sino toca e continua por cerca de meia hora... O tubo funciona como um tubo falante, e a voz do prisioneiro do túmulo, mesmo fraca, é intensificada.

O aparelho, que dizem ter custado cerca de 12 *shillings*, foi testado com êxito com pessoas que haviam se apresentado como voluntárias para enterros prematuros simulados; e os inventores do artefato esperavam vendê-lo em todo o Reino Unido.

Outro método, adotado no necrotério de Munique, um estabelecimento neoclássico bem pomposo julgando por sua foto, consistia em unir as extremidades dos supostamente mortos, com uma corda, a um sino nos seus caixões temporários. Fora dos *halls* principais do necrotério havia a sala do zelador do estabelecimento, completa com regadores para cuidar dos elaborados arranjos de plantas, e lá (pela foto) estava sentado um homem de aspecto lúgubre com um uniforme muito parecido com o de um inspetor de bilhetes de trem, esperando o sino tocar. Dizem que a vida de um soldado é 99% de monotonia e 1% de terror; isto parece se encaixar muito mais na função de ajudante num necrotério, embora eu acredite que a balança deve ter inclinado – mais uma vez, julgando pela cara dele, pois naqueles dias não havia nenhum meio eletrônico que distraísse as pessoas – na direção da monotonia. (Recentemente, num grande cemitério em Nottingham, elogiei um jardineiro; ele me agradeceu, disse que fazia um trabalho tranquilo. "Os residentes não dão muito trabalho.")

É difícil saber, é claro, quantos enterros, tanto em números absolutos quanto proporcionalmente, eram – ou são – prematuros. Num capítulo que aborda essa questão, lemos:

> Em 1829, medidas foram tomadas no cemitério de Nova York para enterrar os cadáveres permitindo que se comuniquem com o mundo de fora, caso algum deles voltasse à vida; e de um total de mil e duzentas pessoas enterradas, seis voltaram à vida novamente. Na Holanda... de mil casos investigados, cinco voltaram à vida antes do enterro, ou no túmulo.

Mas a verdadeira moral de tudo isto é que é difícil adequar os nossos medos aos verdadeiros perigos; por exemplo, ter três vezes mais medo de um ataque cardíaco do que de um derrame, visto que ataques cardíacos são três vezes mais comuns. Dessa maneira, através da análise de uma inscrição e de uma pequena reflexão sobre dois volumes (o segundo melhorou bastante, segundo uma crítica contemporânea em *The Hospital*, e de fato tem páginas brilhantes), chegamos à grande conclusão relevante de que é difícil para o homem ser totalmente racional.

14. Dimensionar a revolução

As instalações da maioria dos sebos em geral não são seletas, porque o volume de vendas não comporta aluguéis caros, portanto, normalmente ocupam esquinas estranhas de grandes cidades ou de centros de cidades do interior. Devido ao problema do pouco movimento de vendas e dos aluguéis altos, algumas vezes há lojas excelentes onde menos se espera. Uma vez, por exemplo, fui a uma cidade que havia sido um polo industrial no norte da Inglaterra, a fim de examinar para a Justiça um homem acusado de assassinato. Era o tipo de lugar muito comum na Grã-Bretanha, e esse nunca foi bonito, para dizer o mínimo. De longe, seus ramos de maior atividade eram a administração pública do desemprego e as tentativas de melhora burocrática de problemas sociais causados pela degeneração cultural. "Por favor, ajude-me", a vítima, que estava bêbada deitada na sua cama, dissera ao assassino, um pedido que este último interpretou como de estrangulamento. Num lugar assim, deve-se entender o erro, obviamente sem ter de perdoá-lo.

Tendo tempo para matar – uma expressão que sempre traz culpa ao recordar a descrição visionária de Richard II da história da minha vida: "Na minha juventude, perdi tempo, e agora o tempo me consome" – entre o fim do meu exame do assassino e o meu trem, encontrei um segundo sebo de ótima qualidade. Na verdade, eu tinha perguntado a um agente penitenciário justo antes de deixar o presídio se ele conhecia um estabelecimento desse tipo na cidade, mas ele não sabia, e recorreu às páginas amarelas para me ajudar. O fato de não saber, numa cidade que não oferecia exatamente outras atrações, mostrou-me como a minha obsessão por livros era a de uma minoria.

Assim que entrei no sebo, lamentei ter tão pouco tempo. Teria passado o dia ali facilmente. Ao olhar as prateleiras, um homem de meia-idade já avançada aproximou-se de mim e perguntou se podia me ajudar, e se havia um determinado assunto que me interessava em particular.

Naquela época eu estava na minha fase haitiana. Eu havia estado nesse país algumas vezes, e a sua história tinha me deixado fascinado e comovido como nenhuma outra (exceto, talvez, a do Paraguai). O Haiti foi direto da escravidão para o desastre, um longo e contínuo desastre, mas o seu povo era digno, com pouco do ódio autodestrutivo de suas próprias vidas que eu tinha visto numa nação mais desenvolvida.

– Haiti – respondi, esperando que ele risse.

– Acho que devo ter alguma coisa lá nos fundos – ele disse naquele inglês lacônico do Norte, que eu adoro, sem mostrar a mínima surpresa (evidentemente, ele estava acostumado com pessoas com interesses estranhos e, da mesma forma que um médico, não expressava desaprovação alguma daqueles que o procuravam com tais interesses).

E, em poucos minutos, ele trouxe não somente o livro de Hazard, *Santo Domingo, with a Glance at Hayti* [Santo Domingo, com um Olhar ao Haiti], de 1873, mas ainda mais raro e precioso, o livro de Charles Mackenzie, *Notes on Haiti Made during a Residence in that Republic* [Notas sobre o Haiti Feitas durante uma Permanência naquela República], de 1831, num estado que parecia ter sido impresso na véspera. Esse livro é dedicado a James Cowles Prichard, médico, membro da Royal Society, que em 1835 usou as palavras "insanidade moral" para descrever o tipo de homem – pois em geral se trata de homens – que é perfeitamente normal salvo no que se refere às suas faculdades morais, portanto, tende a se comportar de forma antissocial, desagradável ou amedrontadora em relação aos outros: talvez confundindo um pedido de ajuda, por exemplo, com um de estrangulamento.

Algo que se pode dizer sobre vendedores de livros é que em geral não estão nesse ramo para ganhar grandes quantias de dinheiro rapidamente. Não é exatamente a mesma coisa que não ter interesse em dinheiro, pois ainda há pessoas que (embora em número bem menor do que antigamente) acreditam que um desenvolvimento lento durante um período longo de tempo é a melhor forma, mais segura e talvez mais honesta para a prosperidade. Além disso, é possível ser voraz tanto em pequena quanto em grande escala; um lucro de uma libra pode aguçar a voracidade de um pequeno comerciante da mesma forma que o lucro de um milhão de libras aguça a voracidade de um grande comerciante.

Nunca encontrei um livreiro que não se interessasse por seus livros. Alguns se preocupam muito mais com aspectos aleatórios das obras do que com os significados das palavras que contêm: por exemplo, erros de impressão presentes em uma edição e não em outra (é curioso observar que erros de impressão em geral aumentam o preço do exemplar, quando não aumentam o seu valor de uso, assim como um selo que é impresso de ponta-cabeça tem sempre mais valor do que o seu equivalente impresso da forma correta). Mas nenhum livreiro que eu conheça tratou livros como se fossem simplesmente um meio para o seu fim, ou seja, para o seu próprio enriquecimento. Para os livreiros em geral, o livro ainda mantém um pouco da qualidade sagrada que tinha quando era escrito à mão.

Um livreiro que conheci preferia muito mais os seus livros a seus clientes, que ele considerava como um bando de grosseiros. Por que razão ele mantinha uma livraria era um pouco misterioso; talvez visse nisso a possibilidade de irritar e humilhar as pessoas.

Parecia que tinha aprendido o seu método de lidar com as pessoas de restaurantes soviéticos. O seu primeiro mecanismo de defesa contra o público era manter a porta de entrada de vidro trancada, embora o aviso anunciasse que estava aberta, e ele e o seu *staff* (um homem idoso que trabalhava meio período) eram perfeitamente visíveis dentro da livraria. Abrindo um parêntese, nunca confie em livrarias com um aviso pendurado na porta que diz "Dei uma saída, volto dentro de quinze minutos". Como no caso de Wagner, os quinze minutos dos livreiros são demorados.

O segundo mecanismo de defesa utilizado por esse livreiro contra os seus clientes era a música: Schoenberg, para ser preciso. Um pouco da música de Schoenberg provavelmente será tão eficaz quanto barulho de fundo para esvaziar um lugar público, e sem dúvida provocava rapidamente o esvaziamento da livraria. Como os clientes eram mais cultos do que o público em geral, provavelmente não poderiam admitir que era a música de Schoenberg que os expulsava – na verdade gostavam de Schoenberg –, mas a súbita lembrança de um compromisso.

O seu terceiro mecanismo de defesa contra os clientes era recusar-se a vender os livros que haviam escolhido, com a desculpa de que não seriam úteis para eles. Isso aconteceu uma vez comigo. Foi na época em que eu estava escrevendo um livro sobre a Libéria. Eu havia encontrado por acaso uma história da Serra Leoa nas suas estantes, e, é claro, os dois países têm muito em comum. Eu o levei para o balcão atrás do qual o livreiro se encontrava, para comprá-lo.

– Para que você quer o livro? – ele perguntou.

Pego de surpresa por seu tom imperioso, respondi timidamente:

– Estou escrevendo um livro sobre a Libéria.

– Um livro acadêmico?

– Não. Um livro de viagem.

– Então não acho que você precise disso.

Ele colocou o livro sob o balcão, preservando-o para um comprador mais adequado, que poderia fazer melhor uso do livro. Em vez de ficar zangado e de chamá-lo de medíocre, simplesmente bufei e saí. Mas a minha avidez por livros era (e é) tão grande que mais tarde engoli o orgulho e, como um cachorro com o rabo entre as pernas, voltei novamente à livraria, pois às vezes o proprietário vendia para os clientes livros de uma forma relativamente normal e o seu estoque era bom. Bibliômanos estão acostumados a engolir o seu orgulho.

Eu já tinha tido desentendimentos com ele quando estava escrevendo o meu livro sobre as guerras civis na América Central. Defendi a ideia, incomum na época, creio, de que essas guerras não eram a expressão de camponeses imemorialmente oprimidos além do limite do suportável, mas a expressão da frustração de uma classe de jovens intelectuais pela pequena importância que davam a eles, uma importância da qual eles próprios acreditavam ser merecedores em função de sua inteligência e seus estudos.

Que intelectuais ocidentais por sua vez, em particular os jovens, tenham projetado na América Latina, na época, todos os seus próprios anseios revolucionários e utópicos, é algo mais ou menos estabelecido pela pequena importância dada a esses países, posto que suas "inevitáveis revoluções", para citar o título de um livro sobre a região de um eminente intelectual americano, não ocorreram. Uma vez que os países dessa região deixaram de servir como paraísos políticos plausíveis, e se acomodaram na sua corrupção cotidiana tradicional, também podem ter afundado, como a Atlântida, sob o mar, por mais interesse que os intelectuais ocidentais tivessem tido por eles.

O livreiro tinha uma obra sobre a Nicarágua que eu queria. Ela havia sido publicada seis meses antes e esse exemplar tinha sido lido por alguém com dedos sujos e com o hábito de dobrar as páginas. Mesmo assim eu queria comprá-lo, pois continha a informação que eu estava procurando para o meu livro e, naqueles dias, antes da internet, não era fácil encontrar outro exemplar, pelo menos sem o trabalho de ir a uma livraria excepcionalmente grande.

Eu estava enganado sobre a minha expectativa de que o livreiro o venderia para mim por um preço barato por causa do seu estado repugnante. Não, ele queria o preço cheio de capa por causa, ele disse, do *Net Book Agreement*.

Naquela época, os livros novos tinham um preço fixo e os varejistas não tinham a permissão de vendê-los com desconto. Segundo o livreiro, nenhum livro podia ser vendido legalmente no período de doze meses a partir da sua publicação por um preço inferior ao estabelecido, portanto, ele não tinha a liberdade de vendê-lo por menos.

— Mas você não pagou por ele o preço cheio — eu disse.

— É diferente — ele respondeu. — Eu o comprei por meio de um acordo particular com uma pessoa. Agora estou vendendo o livro publicamente.

— Mas o estado do volume é péssimo — eu retorqui, mudando de argumento. — Eu poderia comprar um exemplar novo pelo mesmo preço.

— Muito bem, você pode ir e comprar um se quiser, ou então, você pode esperar mais seis meses, quando eu tiver baixado o preço. O seu estado é irrelevante, e não vou infringir a lei.

Por mais desagradável que ele fosse, eu não podia deixar de admirar a preponderância da sua elevação de princípio sobre o próprio benefício econômico. Devolvi o livro para ele.

15. Almas com desconto

Na França, os livros não podem ter descontos superiores a 5%, uma porcentagem insuficiente para motivar uma pessoa a comprar um livro em um lugar e não em outro. Na Grã-Bretanha, um varejista pode dar o desconto que desejar ou que lhe parecer dar lucro. Isso significa que o que custa 25 libras numa livraria independente pode ser vendido por quinze libras numa rede. Mesmo o partidário mais veemente do pequeno comércio local pode se negar a pagar 66% a mais só para mantê-lo.

Os resultados da diferença são gritantes. Na Grã-Bretanha, a venda de livros novos (desconsiderando a Amazon) é na verdade um monopólio, no máximo um duopólio, uma cadeia ou cadeias de lojas cujas filiais são literalmente idênticas umas às outras, salvo pelo tamanho. Na França, há muitas livrarias independentes, toda cidade pequena tem a sua, e cada uma tem estoque diferente. Exceto em relação aos clássicos e livros do momento, você não pode prever – ao contrário da Inglaterra – o que encontrará numa livraria.

Esta não é uma diferença estranha entre um país em geral (mas erroneamente) considerado em termos econômicos como liberal e outro considerado como controlado pelo Estado, economicamente falando? Em um o mercado produz uniformidade; em outro a intervenção do Estado (de caráter simples) produz diversidade.

O que deve ser dito a favor do sistema inglês? Primeiramente, o volume de publicações na Inglaterra é mais do que duas vezes superior ao que se publica na França, portanto, há mais escolha de leitura na Grã-Bretanha. Duvido, porém, que o direito legal dos livreiros de dar descontos nos livros seja a razão. O mercado de livros em inglês é cinco vezes maior do que o mercado em francês, e é provavelmente isso que explica essa realidade.

Livros – pelo menos, alguns – são mais baratos na Grã-Bretanha do que na França. Praticamente não há livros de capa dura publicados na França, enquanto na Inglaterra a maioria é de capa dura, e em geral eles têm mais ou menos o mesmo preço. Se esta é uma diferença importante é uma questão de opinião e gosto; eu prefiro livros de capa dura, mas na prática ocorre há muito tempo, quando nenhum dos países permitia o desconto na venda de livros.

O que mais me interessa, contudo, são os efeitos culturais, ou pelo menos as manifestações, dos dois sistemas. Na Inglaterra, vivo numa pequena e linda cidade que tem uma filial da WH Smith, e o logotipo na frente dessa loja desfigura um prédio do começo do século XVIII de forma descaradamente grosseira. Na França, vivo perto de uma pequena e linda cidade, menor ainda, que tem duas livrarias independentes (uma delas da esposa do prefeito). Não agridem os olhos.

Não há dúvida para mim qual é superior do ponto de vista cultural. A WH Smith tem uma política de limitar-se a uns poucos títulos, com descontos enormes: vendem grandes quantidades a preço baixo. O restante do estoque é constituído de *best-sellers* antigos ou futuros no pior extremo do espectro literário, biografias ou supostas autobiografias de celebridades, principalmente do mundo do esporte, da televisão e da música popular, livros chocantes sobre criminosos e autobiografias de pessoas que "sobreviveram" à violência sexual na infância. Não há clássicos ingleses, muito menos estrangeiros. Mesmo as formas mais discretas de erudição estão banidas.

Nas livrarias francesas, ao contrário, essa porcaria barata não existe: eu uso a palavra "barata" no seu sentido não econômico. É verdade, as livrarias têm muita ficção policial. Mas a ficção policial raramente é ruim;

o padrão do texto, sem falar da intriga, em geral é superior ao de gêneros supostamente mais sérios.

O nível intelectual dos livros vendidos é incomparavelmente mais elevado. Não fiquei surpreso, por exemplo, ao encontrar uma biografia do pai de Proust, um especialista eminente em saúde pública. (Hesito em enaltecer a minha própria profissão, a medicina, mas o fato é que não somente existiram muitos escritores bons ou importantes que eram médicos, mas também os pais de muitos escritores bons ou importantes eram médicos. Proust, Flaubert, Dostoiévski vêm imediatamente à minha cabeça.) Posso ir às livrarias nessa pequena cidade francesa – como em qualquer outra pequena cidade na França – e comprar não somente os clássicos franceses, mas também muitos clássicos estrangeiros traduzidos em francês.

A falta de ênfase na venda de um pequeno número de títulos com desconto que geram um lucro enorme e fácil parece resultar numa maior escolha, e ainda numa escolha que vale mais a pena: ou seja, se há o consenso de que o valor não é inteiramente determinado por vendas globais. A escolha de fato apresentada ao público francês é melhor, maior e mais inteligente do que a apresentada ao público britânico; e embora seja possível alegar que essa superioridade de escolha se deve ao fato de o público francês ter um gosto melhor (não somente em livros), a relação causal sem dúvida funciona no outro sentido também. O gosto é formado pelo que se apresenta a ele; e no sistema britânico o que se apresenta a ele, pelo menos em grande parte, é porcaria. O apetite aumenta sendo alimentado.

Certamente, as duas livrarias na França parecem contribuir para um nível cultural muito maior nas ruas em praticamente tudo, desde os rostos das pessoas até o nível dos serviços municipais. É difícil distinguir causa e efeito em questões tão complexas, mas quem arriscaria dizer que a chegada de uma loja de uma cadeia como a WH Smith melhoraria ou até mesmo ajudaria a manter o padrão local?

A diferença no método das novas vendas de livros nos dois países não é de forma incisiva a que há entre um mercado totalmente livre de um lado e o total controle do Estado do outro. Os dois países têm mercados de livros, mas regulamentados de forma diferente. Tampouco é a diferença entre escolha e ausência de escolha: 80 mil livros por ano são publicados na França, por diversos editores, e o leitor francês tem acesso a qualquer obra publicada em todo o mundo através da internet, assim como o leitor britânico. Mas se você for a uma livraria francesa nas regiões mais afastadas, você não tem a impressão, como é o caso na Grã-Bretanha, de que são pessoas que não têm conexão ou interesse no próprio passado, de que vivem somente com a televisão ligada.

A escolha de fato não é o mesmo que escolha. Trata-se da escolha de fato, não a hipotética que afeta os hábitos de um povo. A Grã-Bretanha, por causa da quase universalidade da sua língua, é um grande centro, muito maior do que a França, de publicação especializada acerca de qualquer tema concebível. Mas você nunca diria isso andando em qualquer uma de suas ruas. Na verdade, você deduziria justamente o oposto. Isso faz surgir a ideia herética – herética para qualquer um propenso a acreditar que o mercado é uma solução para todos os problemas humanos – segundo a qual uma variedade infinitamente ampla de produtos não é o mais importante na formação da alma humana.

16. Prostitutas em praça pública

Um livreiro que conheço, cuja livraria também é sua casa, é um verdadeiro bibliômano. Seus livros se acumulam na sua residência de tal forma que o espaço que sobra para ele morar diminui sem parar, e ele fica espremido num canto. Ele gasta praticamente todo o dinheiro da venda dos livros comprando estoque novo, o qual, depois, vende por um preço maior, mas o número de livros continua aumentando. Traduzindo isso em termos malthusianos, ele vende em proporção aritmética mas compra em proporção geométrica.

Por muito tempo os livros inundaram as prateleiras e agora estão empilhados, com quase um metro de profundidade e três de altura, contra as paredes. Não é necessário dizer que isso não é fácil para quem tem que fuçar, propenso a sofrer a lei de Murphy, ou seja, o livro que mais interessa está na parte de baixo de uma das pilhas. Numa outra livraria cujos livros estão dispostos da mesma maneira, uma vez tive que ser salvo pelo livreiro de uma avalanche quando puxei um exemplar (de peças de Sir Arthur Wing Pinero, agora mais ou menos esquecido, mas o dramaturgo mais conhecido da sua época, e – como descobri depois de ser salvo – assinado por ele) sob uma pilha assim. No estilo mais tipicamente inglês, pedi muitas desculpas para o dono da livraria, que respondeu de forma complacente: "Por favor, não se preocupe, isso acontece o tempo todo". Há ainda uma pequena fração do comércio que continua ilesa.

Os galeses já foram grandes leitores, apesar de seu gosto (pelo menos julgando a partir de seus inúmeros sebos) ser, ou ter sido, um pouco religioso. Mas na cidadezinha chamada Bethesda, tive uma experiência de conversão, a única da minha vida. Encontrei uma pequena livraria com um estoque tão modesto que toda a sua venda de uma só vez mal manteria a proprietária com aquecimento e luz por mais de um mês ou dois. Eu diria que a mulher que a mantinha o fazia por razões que eram mais sociais do que financeiras: mas o público que por ali passava era praticamente inexistente.

Encontrei nesse lugar um exemplar de um livro de antes da guerra relativamente raro sobre o Camboja. Este também é um tema que me interessa. O assassinato em massa no Camboja chegou agora à sua fase final, a de atração turística. Não somente as câmaras de tortura de Phnom Pen foram transformadas em museu, mas também vendedores ambulantes andam pelos templos de Angkor Wat vendendo livros para os turistas sobre a era de Khmer Vermelho (tão curta em termos de tempo, mas tão profunda nos seus efeitos que é chamada legitimamente de era). Esses livros explicam tudo, depois do fato, é claro, e estava curioso para saber se, em algum livro escrito sobre o Camboja, antes de Khmer Vermelho, havia algum sinal do que estava por vir, alguma consciência de que o país ao qual os autores eram tão apegados – pois só se escreveu sobre o Camboja com afeto – ia se tornar o palco de um dos extermínios em massa mais conhecidos do século. Não é necessário dizer que não encontrei nenhum; todo mundo devia ser sensato antes do fato consumado.

Mas comprei outro livro em Bethesda; um dos volumes do conjunto das obras do Bispo de Bristol, o Reverendo Thomas Newton, DD [Doutor em Divindade], impresso em 1782. Custava cinco libras, e embora na minha vida eu tenha gastado milhares inúmeras vezes, em coisas como restaurantes e champanhe, e embora eu tenha gastado sem hesitar muito mais para comprar outros livros (não ouso dizer, temo que a minha esposa acabe sabendo, o que paguei por *A Brief and Accurate Treatise Concerning the Taking of the Fume of Tobacco* [Um tratado breve e preciso sobre a extração do fumo do tabaco], de Thomas Venner, *Doctor of Physicke in Bath*), eu pechinchei por vários minutos sobre o Reverendo Thomas Newton e suas 5 libras.

Houve um tempo em que eu nem hesitava em considerar um volume só; eu queria todo o conjunto, ou nada. Um conjunto de obras incompleto era para mim um ferimento profundo. Essa fase passou agora, visto que há pouquíssimas obras constituídas de vários volumes que eu vá ler tudo, do primeiro volume ao sexto ou oitavo – além do que conjuntos completos são muito mais caros do que volumes soltos, em geral custam mais do que posso pagar.

Além disso, e felizmente, descobri que o néctar em geral pode ser extraído tanto de uma pequena leitura de uma obra obscura quanto de uma longa. Por exemplo, não faz muito tempo peguei dois dos três volumes de *The Ladies Library, Written by a Lady, Published by Mr. Steele'* e *Printed for Jacob Tonson, at Shakespear's Head over-against Catherine Street in the Strand* [A biblioteca das damas, escrito por uma dama, publicado pelo Sr. Steele e impresso por Jacob Tonson] de 1714. Na verdade, tinha sido escrito por Joseph Addison, cujo estilo o Dr. Johnson tanto admirava. Eu o encontrei numa livraria de uma cidade provinciana da qual, pelo que pude perceber, todas as senhoras tinham há muito tempo fugido, ou tinham sido expulsas, ou ainda na qual ficavam rigorosamente fechadas, deixando as ruas para mulheres de barriga de fora com vozes tão estridentes que agitavam as janelas. O prefácio de *The Ladies Library* contém o seguinte aviso para os leitores:

> Em Questões em que os dois Sexos estão envolvidos, as palavras Homem e Homens são usadas, mas nem por isso a Questão deixa de se referir às Mulheres, ou alega-se que a Obra não foi inicialmente concebida para informar o Sexo Frágil.

Essa convenção não seria aceita hoje, pois vai além da capacidade de compreensão dos leitores de cabeça limitada.

Os volumes estão cheios de advertências relativas à virtude, advertências que até agora pelo menos se mostram como inúteis: e em geral, se algo não deu certo nos primeiros trezentos anos da sua intervenção, nunca vai dar certo. Aqui temos a castidade:

> De todas as Virtudes Cristãs, nenhuma demonstra tanto a Dignidade e o Poder da Alma quanto a *Castidade*: é um Triunfo sobre o Desejo

que a Natureza imprimiu no Coração do Homem, violento e ingovernável, cheio de falsas Esperanças e de Delícias imaginárias, que com frequência cega a Compreensão, e leva à Destruição.

Mas não se pode evitar o inevitável.

As chances de encontrar um só volume das obras do Arcebispo – uma defesa teológica da bondade de Deus, um gênero que em geral é rejeitado pelas complacentes reflexões insinceras de um homem que tem uma vida muito confortável, até que se sabe que o autor o escreveu como reação à morte na mesma semana do seu pai e do seu filho – levaram-me a uma aula de literatura que, até então, eu havia rejeitado e até mesmo desprezado, ou seja, textos de religiosos ingleses dos séculos XVII e XVIII (exceto Donne).

Sendo desprovido de crença religiosa, supus que aqueles que a tinham, consequentemente, não possuíam nada de valioso para dizer ao mundo. Uma breve reflexão teria bastado para me demonstrar que isso provavelmente não era verdade; eram tão inteligentes quanto nós, e muito mais cultos; e lidavam com temas como moralidade e morte, que são pertinentes.

O problema de não ter tido uma formação literária formal, particularmente numa idade em que se tende a menosprezar os ancestrais, é que o conhecimento adquirido tem muitas chances de apresentar grandes lacunas. Como a natureza detesta o vazio, uma espécie de ignorância positiva, na forma de preconceito grosseiro e embrutecido, precipita-se para o lugar em que o conhecimento deveria estar. Foi isso que aconteceu entre os religiosos e eu.

Fui direto de Thomas Newton, um autor menor, para talvez o maior deles, Jeremy Taylor, e logo adquiri um belo exemplar do seu *Holy Living and Holy Dying* [Vida Santa e Morte Santa], assim como uma primeira edição (1647) da sua defesa pela tolerância religiosa, *A Discourse on the Liberty of Prophesying, Showing the Unreasonableness of Prescribing to Other Men's Faith, and the Iniquity of Persecuting Differing Opinions* [Discurso sobre a liberdade de profetizar, mostrando a irracionalidade de prescrever a fé a outros homens, e a perversidade da perseguição às opiniões divergentes].

Os não religiosos tendem a aceitar algo que é impenetrável à prova contrária, ou seja, consideram os religiosos pessoas por natureza persecutórias e inflexíveis, que evitam realizar inquisições somente por falta de poder para tanto. Entretanto, embora o tratado de Taylor não seja nem de longe uma defesa da plena tolerância, pois parte do princípio de que todos os homens bons são cristãos de um tipo ou de outro, é muito mais evoluído em termos de tolerância do que muitas das práticas políticas seculares do século XX.

Tudo o que eu sabia a respeito de Taylor antes de ter lido Newton era que Somerset Maugham (ele próprio não exatamente um fanático religioso) o havia recomendado em *The Summing Up* [Confissões], que por muito tempo tive como referência de estilo, como a melhor prosa na língua. Mas ao examinar Taylor (e outros religiosos), descobri que não só o estilo era comovente: também a sua maneira de pensar sobre a vida humana a partir de uma perspectiva eterna. Por exemplo, o capítulo *Remedies against Fear of Death, by Way of Exercise* [Remédios contra o Medo da Morte por Meio do Exercício], em *Holy Dying*, começa assim:

> Aquele que voluntariamente se mostra sem temor da Morte deve aprender a desprezar o mundo; não deve amar apaixonadamente, tampouco deve ter orgulho de qualquer circunstância da sua vida. Oh morte!, como é amarga a sua lembrança para um homem que vive no descanso das suas posses, para um homem que não é atormentado por nada, e que é próspero em tudo, sim para ele que ainda é capaz de ter carne. Quando um homem não está ligado a todas as suas Paixões pelas coisas deste mundo, ele teme menos separar-se delas pela chegada da morte; e como ele deve deixá-las mediante a morte, é lógico que não tenha que se apaixonar por interesses tão fugitivos e passageiros. Mas se um homem fica admirado por ser bonito, ou se for mais forte e inteligente do que os seus pares, ele deve lembrar que aquilo de que se vangloria se deteriorará em fraqueza e desonra...

Em outras palavras, há um tipo de igualdade religiosa, ou existencial, assim como de natureza política e econômica, e através de sua lembrança um homem pode ser encorajado a uma humildade louvável e justificada não atingida facilmente de qualquer outra forma: "Vieste do pó e ao pó retornarás".

A chance de encontrar um volume só de Thomas Newton, Doutor em Divindade (a um preço barato), fez-me considerar com mais atenção o conteúdo da livraria de um amigo meu. Veio com a casa que ele tinha comprado de uma família de proprietários de terra e de religiosos, e a metade era constituída de obras de teologia e de coleções de sermões, em edições do século XVIII e do começo do século XIX. Durante mais de 20 anos não peguei nenhum desses livros, não tive a menor curiosidade; mas agora comecei a ler, e como inúmeras gerações antes de mim, encontrei consolo no que li, não somente no tipo de prosa, profundamente reverberante e ao mesmo tempo suave, mas também no sentimento. Aqui, por exemplo, temos Joseph Hall, DD, Bispo de Exeter e depois de Norwich, sendo destituído de sua função pelo Parlamento em 1643, a respeito de *Of the Truly Noble* [Do Verdadeiramente Nobre]:

> Ele não depende do que adquiriu dos seus ancestrais, mas acredita que deve desenvolver a sua própria honra; e se não pode alcançar a virtude deles que a sua glória externa lhe deu por hereditariedade, ele sente mais vergonha da sua impotência do que exaltação por causa do seu grande nome.

E aqui, nitidamente, é o personagem do nosso ex-primeiro-ministro, Tony Blair, no personagem de *The Busybody* [O Intrometido] como descrito por Hall:

> A sua condição é demasiadamente limitada para a sua mente, portanto, ele se contenta em procurar espaço na vida dos outros; mas sob pretexto de amor.

Hall era afinal um homem bom tanto na prática quanto na teoria, e creio que a sua humanidade é evidente em *Meditation on a Harlot Carted* [Meditação sobre uma Prostituta Arrastada], ou seja, uma prostituta é levada para punição pública:

Com que barulho, tumulto, e fervor da justiça solene, este pecado é punido! As ruas não estão mais cheias de espectadores do que de clamores. Todos se esforçam para expressar a sua repulsa pelo fato, como sinal de revanche: um joga lama, outro água, outro ainda ovos podres na pobre transgressora. De fato, ela tampouco merece menos: mas ao mesmo tempo, ninguém olha para si mesmo. Não é falta de caridade dizer que muitos daqueles que lançaram insultos nessa justa punição mereciam mais... Pecados públicos trazem mais vergonha; os privados causam mais culpa. Se o mundo não pode me culpar com esses, é suficiente que eu culpe a minha alma de coisas piores. Que outros se regozijem, nessas execuções públicas: que eu possa ter piedade dos pecados dos outros, e que eu me submeta à minha própria.

Pode-se alegar, obviamente, que o sentimento de integridade, por mais que seja expresso de forma nobre, não é suficiente para tornar os homens íntegros; e mesmo assim seria estranho que todas as palavras no mundo não fizessem nenhuma diferença para ninguém.

Por uma estranha coincidência, fui morar pouco tempo depois da minha fortuita descoberta dos religiosos ingleses numa casa com boas chances de ter sido por um breve período vizinha à casa do mais eminente desses religiosos, Richard Baxter, autor (entre várias outras obras) de *A Saint or a Brute: the Certain Necessity and Excellency of Holiness* [Santo ou Bárbaro: a Necessidade e a Excelência da Santidade]. Era uma pequena casa caiada de madeira, do século XVI, e na fachada estavam pintadas as seguintes palavras: "Nesta casa viveu o culto e eloquente Richard Baxter, 1623-1626".

Fiquei triste quando percebi o meu erro. Eu preferia "culto e elegante" a "culto e eloquente". O primeiro me parecia mais próprio dos cavaleiros, o segundo mais puritano.[1] Afinal, vivemos numa época em que as pessoas acham difícil fazer a distinção entre sinceridade e seriedade.

---

[1] Referências aos dois partidos que atuaram na Inglaterra durante a guerra civil de 1642-1652. Os puritanos eram adeptos do parlamentarismo, e foram originalmente denominados pejorativamente de "cabeças redondas", termo relativo ao cabelo bem curto (*roundhead*), em oposição ao cabelo comprido dos cavaleiros (*cavalier*), a nobreza. (N.T.)

17. A luta contra o absurdo

Uma das pequenas coleções na minha biblioteca (embora eu não a tenha construído com nada que se compare com a devoção do verdadeiro colecionador, simplesmente a fui expandindo, conforme me deparava com um livro que se adaptasse a ela) é de livros publicados de 1917 a 1940 na Grã-Bretanha, nos Estados Unidos e na França sobre a União Soviética. Essa coleção estabelece – de forma tão definitiva quanto uma coleção fortuita e não sistemática pode estabelecer – tudo o que Alexander Soljenítsin e Robert Conquest escreveram nos anos 1960 e 1970 e que finalmente convenceram o mundo intelectual ocidental de que a União Soviética era desde o início, na verdade desde os dias imediatamente depois da Revolução de Outubro, um experimento monstruoso de extermínio de massa, conhecido e documentado.

De fato, nem Soljenítsin nem Conquest revelaram algo que não pudesse ser facilmente conhecível, se não conhecido no sentido de ser aceito como verdadeiro. Tenho livros com fotografias do massacre de padres, por exemplo, logo depois da Revolução, e das vítimas da fome, nuas, na Ucrânia no início dos anos 1930, sendo despejadas em carroças e caminhões para serem enterradas. Não é verdade que tudo o que foi escrito na época fazia a apologia da União Soviética (os títulos favoritos da minha coleção são *The Soviet Union Fights Crime* [A União Soviética Luta contra o Crime] e, melhor ainda, *The Soviet Union Fights Neurosis* [A União Soviética

Luta contra a Neurose]. Na minha coleção há um livro de George Popoff que se chama *The Tcheka: the Red Inquisition* [A Tcheka: A Inquisição Vermelha], publicado em 1925. O título em alemão era melhor: *The Tcheka: State within a State* [A Tcheka: Estado dentro do Estado]. Popoff escreveu *The City of Red Plague* [A Cidade da Praga Vermelha], um relato da ocupação soviética de Riga em 1919. Frequentemente, ele é descrito como "anticomunista", como se anticomunista fosse mais um tipo de anomalia psicológica ou de doença espiritual do que a resposta de pessoas normais, decentes e inteligentes para os horrores perpetrados por comunistas nas suas tentativas de colocar em prática a sua doutrina.

Fiquei contente quando encontrei o livro, é claro, mas a folha de rosto estava deformada por uma marca horrível, por terem riscado o nome do antigo dono com uma caneta hidrográfica preta. Nesse caso, nenhum outro nome foi colocado para substituí-lo; foi um ato de pura negação. Um amigo meu sugeriu, quando falei sobre o fenômeno, que poderia ter sido o velho dono, envergonhado por ter vendido o seu livro e ansioso para destruir a prova de sua traição, e não foi o novo comprador que quis apagar, mas achei que essa alternativa era improvável; ninguém, nem mesmo o mais neurótico dos seres, elimina o próprio nome com tanta raiva.

Encontrei por acaso um outro exemplar do livro, intacto e muito barato, pouco tempo depois, mas se tratava de uma segunda impressão publicada no ano seguinte. Eu tinha outro amigo que sabia também estar interessado em Popoff, então eu o comprei; porém quando me vi diante do dilema – qual dos exemplares eu deveria dar a ele? – eu quis ficar com o melhor, mas qual era o melhor? O rabisco preto neutralizava a vantagem do primeiro por ser a primeira impressão? A limpeza do segundo exemplar neutralizava a sua desvantagem por ser a segunda impressão? Tendo a ficar com o segundo, mas não decidi definitivamente, portanto, ainda tenho os dois exemplares.

A insignificância desse dilema me assusta, em particular quando analiso a importância histórica do tema tratado no livro. Trinta milhões morreram, e eu fico dividido por um dilema tão ínfimo. A insensibilidade humana pode ir além?

Contudo, não se elimina uma preocupação simplesmente salientando a sua natureza absurda.

18. Paixões encantadoras

Outro exemplo na minha pequena biblioteca de eliminação do nome de um antigo dono com uma caneta preta está na folha de rosto de um livrinho desagradável chamado *The Menacing Rise of Japan: Ninety Years of Crafty Statesmanship in Pictures* [A Ameaçadora Ascensão do Japão: Noventa Anos de Astúcia Política em Imagens], publicado em 1943. Na capa há uma caricatura de uma espécie de Fu Manchu; o prefácio do livro é de autoria de um diplomata britânico, Robert Vansittart. Contudo, podemos deplorar a correção política como uma tentativa deliberada de limitar o pensamento, e por mais que levemos em conta os horrores daquilo que os poderes do Eixo estavam fazendo naquele ano da publicação do livro, as palavras de Vansittart agora soam de forma nitidamente antipática:

> Se dois aliados combinavam bem, deve-se dizer que eram a Alemanha e o Japão. O verniz alemão é mais espesso, mas sob esse verniz as semelhanças de pura selvageria sempre me impressionaram de forma extraordinária... são duas almas gêmeas, dois países do século XX com disposições e mentalidades de antes de Cristo. Os japoneses parecem, talvez felizmente, ter batido o recorde dos detestados. Houve uma pequena lenga-lenga sobre "comandantes militares", mas nada como aquelas tolices pertinazes sobre luta contra o nazismo e não contra os alemães. Não houve uma tentativa coordenada

de tapar o sol com a peneira no caso dos mais naturais – portanto menos culpados – selvagens.

Uma das curiosidades desse livro é que o seu coautor é Ernest Newman, o musicólogo e crítico cujas exposições de Wagner cheias de erudição e louvor conseguiram popularizar o mais alemão dos compositores na Inglaterra como nenhum outro fator.

No mesmo ano em que publicou *The Menacing Rise of Japan*, ele também publicou *Opera Nights* [Noites de Ópera], sugerindo que a combinação de uma profunda reação emocional à música e ódios nacionais violentos não se limitava somente aos nazistas. Em relação a Alexander Howard, o outro autor do livro, que é essencialmente um canto de glória de ódio destinado a inculcar esse ódio nos outros, ele também era capaz de ter sentimentos mais tenros, pois o livro está dedicado por ele da seguinte forma: "Para você, querida, com todo o meu amor – abraços, Alex".

Na folha de rosto tem uma etiqueta estreita escrita à máquina: "ESTE LIVRO PERTENCE A:" – e depois o nome é eliminado com uma caneta preta, como também parte do endereço dele (ou dela). A eliminação é ao mesmo tempo cuidadosa e desleixada; é cuidadosa posto que se limita somente a certos elementos da etiqueta, mas desleixada porque não tem forma, são meros rabiscos. Esse vandalismo me parece um ato – muito pequeno, é verdade, mas expressivo – de brutalidade. Pessoas que marcam os livros dessa maneira têm um comportamento pior do que outras? Gosto de pensar assim, mas não tenho provas que comprovem isso.

Um exemplo inesperado de caneta preta que elimina o nome do antigo dono foi para mim imprevisto e surpreendente: um novo dono dos nove volumes do título *A History of Philosophy* do padre Copleston, agora meus (só temporariamente, é claro), pegou cada volume e eliminou o nome do primeiro dono com a sua hidrográfica preta. Sem dúvida algo mais filosófico se esperava dele do que o desejo de extinguir o nome do homem que teve a ousadia de possuir esses volumes antes dele (ele não colocou o seu nome no lugar, talvez com medo de ter o mesmo destino). A única diferença entre ele e outros exterminadores de nomes de antigos donos de livros, o único de todos que já encontrei, consistia em ter feito isso de forma muito ordenada e precisa, somente cobrindo de preto o mínimo necessário, sendo ajudado também pela micrografia do dono anterior. Talvez o exterminador tenha sido influenciado pela precisão e miudeza das distinções feitas pela filosofia escolástica, a mesma perspectiva filosófica a partir da qual Copleston escreveu a sua grande obra.

A eliminação dos nomes dos donos anteriores, embora tenha se tornado mais fácil e completa com a existência das canetas hidrográficas, não é nenhuma novidade. Na minha segunda edição do livro de Thomas Browne *Pseudoxia Epidemica: or, Enquiries into very many Received Tenets and Commonly Presumed Truths* [Pseudoxia Epidêmica: ou Estudos dos Muitos Dogmas Recebidos e Verdades Comumente Aceitas], de 1650, o nome de um dono do século XVII foi riscado com tinta que ficou marrom.

Esse livro maravilhoso começa com a célebre afirmação segundo a qual "A causa primeira e fundadora do Erro comum é a enfermidade comum da natureza humana...". O Dr. Browne combate os equívocos da sua época. A urina de sapo, por exemplo, não é nociva porque "para falar a verdade, um sapo não urina". Ele diz o seguinte a respeito dos judeus: "A ideia de que os judeus naturalmente cheiram mal, ou seja, que na sua raça e país há um cheiro ruim, é um preconceito que não sabemos como admitir", porque os judeus "se misturaram com nações de todos os tipos", e não foi porque "suas mulheres desejam copular... e preferem a sensualidade cristã à relação sexual circuncisada". Como os judeus são uma raça impura mais híbrida do que qualquer outra, eles não podem ter uma propriedade biológica como cheirar mal: um argumento muito moderno.

Houve um grande colecionador africano de livros do século XVII, como os de Sir Thomas Browne e Robert Burton, ou seja, o Dr. Hantings Banda, o primeiro presidente do Malaui. Ele os comprou nos anos 1920 e 1930 quando estava estudando nos Estados Unidos, e eram relativamente baratos. Uma primeira edição de *The Anatomy of Melancholy* [A Anatomia da Melancolia], como a comprada por Banda, agora chegaria a custar 50 mil dólares. Certamente é extraordinário que um homem vindo de uma família camponesa da Niassalândia tenha desenvolvido uma paixão por livros desse tipo, quando ninguém da terra em que foram escritos daria alguma coisa por eles; mas dizem que Banda era capaz de ficar sem comer para comprá-los.

Banda era bibliomaníaco e médico; eu tinha com ele, portanto, uma dupla afinidade. Mas quando cheguei ao meu hotel em Blantyre em 1976, deram-me um pedaço de papel, que era distribuído, suponho, a todos os recém-chegados. Uma parte do seu conteúdo ficou gravada na minha memória, e cito aqui:

> O povo do Malaui gosta tanto de seu Ngwazi (chefe dos chefes) que se qualquer visitante vier ao Malaui para matar a Sua Excelência Presidente Vitalício do Malaui (chefe dos chefes), Dr. H. Kamuzu Banda, o seu povo o cortará em pedaços e o jogará para os crocodilos.

Essa informação destinada aos turistas me impressionou de maneira muito estranha. Pena não ter guardado aquele pedaço de papel, mas naquela época – eu era um jovem que ainda não achava o passado mais interessante do que o futuro, e que acreditava que o presente nunca se transformaria em passado – eu pensava que essas coisas transitórias não tinham valor. Da mesma forma, não comprei aquele pano impresso em algodão com o busto de Sua Excelência Presidente Vitalício Ngwazi, Dr. H. Kamuzu Banda, que as mulheres usavam vociferando quando a sua Excelência Presidente Vitalício Ngwazi, Dr. H. Kamuzu Banda, passava, sob o calor africano em seu Rolls-Royce aberto, usando o seu terno escuro de três peças e agitando o seu enxota-moscas.

Mais tarde aluguei um carro no Malaui; uma das condições impostas para o aluguel era que se por acaso eu me deparasse com um desfile de carros de Sua Excelência Presidente Vitalício Ngwazi, Dr. H. Kamuzu Banda, eu teria que dirigir o carro até a beira da estrada, sair dele e permanecer em posição de sentido até o término do desfile. Suponho que Sua Excelência tenha aprendido esses hábitos autoritários na época em que trabalhou como clínico geral na Grã-Bretanha, nos anos 1940, e (como os meus pacientes costumavam dizer antes de anunciar uma evasão) "uma parte minha" o admirava por isso.

Seja como for, a carreira de presidente vitalício – da qual foi, na verdade, obrigado a renunciar aos 95 anos – sugere que a bibliomania não é incompatível com a megalomania e outros traços indesejáveis.

19. Ditadores cômicos

Ainda no tema dos ditadores, relatarei aqui um dos meus maiores arrependimentos por não ter comprado um livro, um arrependimento que sinto há um quarto de século. Eu estava atravessando a África com transporte público de Zanzibar a Timbuktu, e me encontrava em Libreville, capital do Gabão. O presidente na época (de 1967 até sua morte, 42 anos mais tarde, quando o seu filho assumiu o poder) era El Hadj Omar Bongo, anteriormente chamava-se – antes da sua conversão ao Islã por razões não necessariamente ligadas à verdade religiosa – Albert-Bernard.

El Hadj era muito baixo; portanto, ele eliminou a palavra *pigmée* do francês, usava sapato plataforma e tomava as medidas necessárias para que a imprensa nunca o fotografasse parecendo mais baixo do que qualquer outra pessoa na fotografia. A definição de um político, suponho, é a de alguém que acredita que a realidade pode ser simulada.

O livro que eu não comprei se chamava *Il Était une Fois El Hadj Omar Bongo* [Era uma Vez El Hadj Omar Bongo], uma biografia em quadrinhos de *Le Grand Camarade* [O Grande Camarada], como era conhecido na época, que transformou esse notório cleptocrata numa espécie de herói nacional. O livro justificava a condição de um país com um único partido como mais apropriada para a África do que qualquer outro sistema, o que se comprovou pelo fato de ele ter sido eleito depois por 99,6% dos votos. O livro estava em liquidação em toda a cidade, e eu sabia que mais cedo ou mais tarde se tornaria uma obra de época; contudo, viajar em transporte público na região rural da África não permitia acumular livros, e eu não confiava no correio.

Descobri mais tarde que havia uma editora francesa especializada nessas biografias em quadrinhos de ditadores menores, obviamente financiadas por eles mesmos (ou seja, se é que se pode dizer próprio o dinheiro dos ditadores). Comprei duas, a primeira em inglês sobre Siaka Stevens de Serra Leoa, e a segunda sobre Jean-Claude Duvalier do Haiti. A última parece que foi subvencionada pelo Comitê de Ação Jean-Claudista em vez do próprio Baby Doc, embora esta tenha sido a única vez que o nome de Baby Doc foi associado, mesmo por implicação, à vaga ilusão de uma doutrina ou de um princípio político.

O que poderia ser o jean-claudismo? O livro não chegou imediatamente ao Haiti porque o Comitê de Ação não foi suficientemente ágil para evitar a sua destituição e no período que se seguiu a demanda por literatura sobre Duvalier foi duramente limitada.

Finalmente, exemplares foram importados para serem vendidos aos visitantes como curiosidades, mas infelizmente não havia visitantes – exceto a minha esposa e eu. Eu queria mostrar a ela o país – denominado "o melhor pesadelo do mundo" por Herbert Gold, que escreveu um livro maravilhoso com esse título – pelo qual me apaixonei romanticamente.

Uma noite, estávamos comendo num restaurante em que o outro único cliente se apresentou como ministro do Turismo.

– Vocês são turistas? – ele nos perguntou.

– Sim – respondemos.

– Vocês não são turistas – ele disse, com um misto de desalento e admiração. – Vocês são heróis.

Comprei, é claro, um exemplar de *Il Était une Fois Jean-Claude Duvalier* [Era uma Vez Jean-Claude Duvalier] de um vendedor itinerante, e agora o livro, que transforma o filho gordo e não muito inteligente do seu pai sinistro num herói nacionalista do mesmo tipo de El *Hadj* Omar Bongo, não se pode conseguir por amor ou por dinheiro.

Pensava que a editora parisiense que publicava essas biografias de ditadores em quadrinhos poderia ser o tema de um artigo interessante. De todos os editores desse ramo, o deles era certamente (se posso colocar nesses termos) o *top*. Havia muitas questões que eu desejava perguntar. Por exemplo, os ditadores procuram vocês ou vocês vão até eles? Qual é o volume das tiragens, qual a quantia das subvenções? Quem teve a ideia primeiro de se especializar nesse gênero ímpar?

Infelizmente, eles não ficaram contentes ao me ver chegar. "Mudamos de ramo", disseram de forma fria, com um tom que não levou adiante a minha curiosidade.

20. Pensamento positivo

Meu exemplar da edição revista e ampliada de *Tropical Diseases* [Doenças Tropicais] de Manson, publicado em 1900, menos de dois anos depois da primeira edição, estava escrito em azul e vermelho, o seu dono tinha sido o Dr. Lyon Falkener, médico do Western Fever Hospital, que morreu em 5 de julho de 1952, aos 85 anos, numa casa de repouso em Ealing.

Manson era um homem extraordinário e o seu livro também. Tendo sido indicado como médico num manicômio, ele se demitiu e foi para a China, como médico da Chinese Imperial Customs. Ele passou então muitos anos lá no serviço privado, fazendo pesquisa, e finalmente fundou a Escola de Medicina de Hong Kong, na qual o Dr. Sun Yat-Sem, o primeiro presidente da República Chinesa, foi um dos dois primeiros a se formar. Manson fundou ainda a Escola de Londres de Medicina Tropical e de Higiene (uma das maiores instituições britânicas de ensino superior, constantemente ameaçada de ser reduzida ou fechada).

O que mais impressiona ainda é que foi Manson quem descobriu a transmissão da doença por insetos, provavelmente uma das descobertas mais importantes, do ponto de vista da saúde pública, de toda a história da medicina. Com esforços infinitos, ele conseguiu provar que os mosquitos transmitiam o organismo causador da elefantíase, e as fotos mais dramáticas da doença (por exemplo, um escroto que precisa de um carrinho de mão) adornam, ou adornavam, todos os compêndios de medicina de uma certa época. E foi Manson quem intuiu, como resultado de sua descoberta, que a malária também podia ser transmitida pelo mosquito, como foi ele que guiou Sir Ronald Ross na obra que demonstrou que de fato era isso o que acontecia.

Incidentalmente, Ross era por assim dizer um médico relutante, que teria sido poeta, dramaturgo, músico ou (uma alternativa estranha) matemático em vez de médico. Ele era certamente um polímata. Em geral, contudo, a sua poesia foi ridicularizada, e é verdade que a maior parte é ilegível; vi o poema que escreveu no dia em que finalmente provou a transmissão da malária pelo mosquito, cujo aniversário ele sempre comemorou depois como "O Dia do Mosquito". O texto é considerado de má qualidade, mas me comove:

> Hoje, Deus misericordioso
> Colocou em minhas mãos
> Uma coisa extraordinária; e Deus
> Seja louvado. Sob Seu comando,
>
> Buscando Suas ações secretas
> Com lágrimas e labuta
> Encontro tuas sementes astutas,
> Oh, Morte assassina de milhões.
>
> Sei que esta coisa pequena
> Salvará uma infinidade de homens.
> Oh, Morte, onde está a tua picada?
> Tua vitória, Oh, Túmulo?

Posso compreender, é claro, as diversas objeções racionalistas relativas aos sentimentos expressos no poema, uma obra que deixaria sem dúvida furiosa a nova estirpe de ateus. O fato de Ross ter buscado "ações secretas" com lágrimas e labuta é quase literalmente verdade; frequentemente, nos anos em que se dedicou à tarefa, ele perdeu a esperança; o microscópio que usou ficou enferrujado com o suor da sua testa; mas a Morte aqui é praticamente associada a Deus, e se esse for o caso, como Deus pode ser bom?

Por que, nós nos perguntamos, Ele se deu todo esse trabalho para criar, ou permitir que o parasita da malária fosse o portador da morte de milhões (e muito pior do que isso), somente para permitir que Ronald Ross descobrisse o seu modo de transmissão em 1897 depois de um trabalho imenso em Secunderabad? Além disso, a vitória da Morte ainda é completa: ela é somente adiada em alguns, ou muitos casos, e certamente não se transformou numa derrota final. Isto seria a elaboração de que tipo de plano divino?

Nós nos lembramos da frase da *Autobiografia* de John Stuart Mill, na qual ele registra a objeção do pai em relação à concepção cristã da moralidade:

> [...] consist[e] na realização da vontade de um ser ao qual se dirige todo um palavreado adulatório, mas que, na verdade, é retratado como eminentemente odioso.[1]

Todavia, de certa maneira isto não explica a situação. Há uma profundidade no sentimento do poema de Ross que é bastante evidente. Se ele tivesse uma visão de mundo inteiramente naturalista, não o teria escrito. A eliminação da visão providencial da existência humana tende a eliminar também o sentido de gratidão e encantamento por ela, pois o que existe simplesmente por um processo natural é tido como certo, está ali presente.

O naturalismo destrói a gratidão das pessoas da mesma forma e pelas mesmas razões que a cessão contínua de direitos e benefícios tangíveis; pois ao receberem esses benefícios acreditam que são simplesmente aqueles aos quais têm direito, e quando não os recebem, sentem que é injusto. Dessa maneira, a personalidade moderna oscila entre uma ingratidão desiludida e pseudossofisticada, de um lado, e ressentimento, de outro: nenhuma das duas coisas é muito atraente como atributo.

Ross não era o homem sereno que esse poema sugere, na verdade, é o inverso. Ele se queixava muito e era litigioso, e depois de sua grande descoberta, gastou muito tempo brigando a respeito de quem tinha descoberto exatamente o quê, com um parasitologista italiano, Giovanni

---

[1] John Stuart Mill, *Autobiografia*. Trad. Alexandre Braga Massella. São Paulo, Iluminuras, 2006.

Grassi, que também afirmava ter descoberto a transmissão da malária por mosquito. Ross foi incansável, alguns o consideraram até cansativo, nas suas tentativas de garantir o reconhecimento financeiro, pelo governo britânico, por sua descoberta, sempre chamando a atenção para o prêmio de 30 mil libras que o Parlamento havia votado para Jenner por sua descoberta da varíola bovina. O fracasso nessa empreitada o fez escrever o seguinte dístico, que pode muito bem servir de lema do nosso Estado cada vez mais clientelista:

> Aquele que fica em pé na Grã-Bretanha cai,
> Aquele que se arrasta ganha o prêmio da vida.

Também entre os meus livros há um de poemas de Ross, dedicado por ele "com respeito" a um outro médico, com versos que ele escreveu quando foi mandado para a Índia como médico do Exército e tinha muito tempo ocioso e se sentia entediado:

> Aqui, da minha torre de observação solitária do Oriente
> Vejo uma antiga raça obsoleta –
> Com horror, o meu querido e distante país, com medo de que
> O mesmo destino recaia sobre ti.
>
> Oh! céu, o homem rebelde nunca terá
> Do seu Destino, o que lhe nega, a sua felicidade?
> A mente que fez a máquina não pode tornar
> A vida mais nobre do que esta que temos?

Mas voltando ao exemplar da obra de Manson e à pessoa que o sublinhou: talvez por ser médico, sinto alguma solidariedade retrospectiva pelo Dr. Falkener, um dono anterior e (como tenho prova) aquele que sublinhou. Esse é o livro que possuo no qual me parece que as palavras e frases foram destacadas com a verdadeira intenção de serem conservadas permanentemente no estoque de conhecimento do leitor.

Quando, ao abrir de forma aleatória na página 544 o capítulo sobre bilhárzia, vejo as palavras "a recuperação raramente é completa" nítida e finamente sublinhadas em tinta vermelha usada pelo Dr. Falkener, tenho certeza de que é um fato que ele guardou por toda a sua vida. É possível dizer o que atraiu e não atraiu a atenção do Dr. Falkener: por exemplo, os capítulos sobre cólera, disenteria e psilose tropical não estão marcados. Não consegui descobrir por que há algumas marcas em azul e outras em vermelho, mas é evidente que o Dr. Falkener lia com atenção. No capítulo sobre febre amarela, escrito antes da construção do Canal do Panamá, o Dr. Manson escreveu:

> Com [a construção desse canal] uma comunicação mais direta e rápida fará surgir um risco equivalente de disseminação da febre amarela numa grande parte da população tropical...

O Dr. Falkener eliminou claramente a palavra "fará" com sua caneta azul de ponta fina e escreveu "pode fazer" na margem.

O livro incita reflexões interessantes. Considerando que a descoberta da transmissão da malária por mosquito era recente, é surpreendente que a sua aceitação tenha sido tão rápida e completa, e que o atual conhecimento do assunto já estivesse tão disponível por volta de 1900. Nós nos orgulhamos da rápida disseminação de conhecimento, graças à sofisticação dos nossos meios de comunicação, mas quando se pensa a respeito da rapidez da disseminação da vacina da varíola bovina, e da rapidez do uso da anestesia, compreende-se que não estamos de forma alguma muito mais adiantados do que os nossos predecessores nessa área como às vezes gostamos de supor. Os nossos veículos são velozes, mas os nossos congestionamentos nos tornam lentos.

Na minha juventude, eu costumava ler livros de filosofia, quando a visão de ciência de Sir Karl Popper, segundo a qual nenhuma hipótese científica havia sido provada, e até então só se havia fracassado em refutá-la, era praticamente uma ortodoxia inatacável. Mas é de fato verdade que até agora não conseguimos refutar a transmissão da malária por mosquito, ou pela circulação sanguínea, e que amanhã poderemos ver manchetes do gênero "Nova pesquisa prova que mosquitos não transmitem a malária", ou "Descobre-se que o sangue não circula no sangue mas permanece estagnado"? Talvez as conquistas da medicina não merecessem a atenção de Sir Karl, por estarem somente no sopé da cadeia de montanhas científica, embora seja difícil recusar totalmente o fato incontestável da transmissão da malária por mosquito.

* * *

Outra lição do livro é a dificuldade de extrair a verdade do erro. Com muita frequência e facilidade temos como certo o progresso obtido – isso significa que, assim como muitas pessoas tendem a perguntar de onde vem a pobreza em vez de perguntar de onde vem a riqueza (como se a riqueza fosse a condição natural da humanidade), muitos também tendem a perguntar não de onde vem o conhecimento, mas a ignorância. É como se acreditassem que o ser humano ao nascer soubesse tudo o que há para ser conhecido, mas de certa forma durante a vida perdesse o seu conhecimento e se tornasse ignorante.

Beribéri era uma doença cuja causa, quando Manson escreveu o seu livro, ainda era desconhecida. Na verdade, é uma doença de carência nutricional, como se provou alguns anos depois da publicação do livro, causada por uma falta de tiamina (vitamina B1) na dieta, e muito comum quando a dieta é composta somente de arroz branco moído; caracteriza-se por um distúrbio dos nervos periféricos e também do coração. Mas como frequentemente é epidêmica, e também por outras razões, Manson achou que devia ser uma "doença transmissível por germe".

Afinal, Manson viveu na época heroica da bacteriologia, quando foi provado que não somente as bactérias mas outros organismos causavam doenças. Ele próprio havia contribuído muito para o progresso do conhecimento dessas doenças. Nada mais natural, então, que ele pensasse que uma doença "de lugar, do mesmo modo que a malária", "estimulada por umidade, alta temperatura, e por atacar mais frequentemente aqueles que dormem no chão ou perto dele" e que ambientes superlotados "estão intimamente ligados à sua frequência e virulência nessas aglomerações de pessoas, como em prisões orientais, escolas, minas, plantações, exércitos, navios", fosse causada por bactérias. Manson achava que o germe causador, qualquer que fosse, não agia da mesma maneira que outros germes patogênicos, rejeitando as alegações de dois bacteriologistas, Pekelharing e Winkler, que diziam tê-lo encontrado.

> A minha visão da questão [ele escreveu] é que o beribéri é uma doença transmissível por germe; o germe reside no solo ou nas casas e imediações de pontos de beribéri; ele destila um veneno que, ao ser absorvido pelo homem, produz nevrite...

Isto explica por que o germe ainda não havia sido encontrado nos acometidos por ele, por que as pessoas que eram retiradas dos "pontos do beribéri" e conduzidas para o hospital em geral se recuperavam, e por que recaíam quando voltavam para seu ambiente nativo. "Esta é a única hipótese", ele continuou, "que se encaixa em todos os fatos do caso", uma hipótese, ele diz ainda, é sustentada pela seguinte prova, dada por um pesquisador japonês:

> De cinquenta e dois bebês que sofriam de beribéri enquanto eram amamentados por mães com beribéri, quarenta e dois se recuperaram, cinco morreram, cinco não foram justificados. Nos casos em que houve recuperação [esta afirmação é sublinhada em vermelho pelo Dr. Falkener] a melhora logo se manifesta nos bebês que são desmamados.

O Dr. Falkener não era um leitor complacente de Manson, pois nas margens da afirmação "o verdadeiro reumatismo é raro nos trópicos", e de várias outras declarações, ele colocou um ponto de interrogação. Mas sobre a natureza infecciosa do que ele chama de beribéri, ele concorda bastante ou em linhas gerais com Manson. Sei disso por causa de um pedaço de papel, marcado "L. F. [Lyon Falkener] 1º de setembro 02" que encontrei no capítulo relativo ao beribéri. Está escrito em tinta azul, mas algumas coisas estão sublinhadas em vermelho.

> a causa é um <u>germe</u>.
>
> pode ser o <u>diplobacilo</u> citado pelo Capitão Ross do IMS [Serviço Médico Indiano] (*Lancet* 9 de agosto de 1902)
>
> esse germe se desenvolve em <u>arroz</u> embolorado e úmido: isso explica a frequência com que o arroz parece ser o agente causador — mas provavelmente se desenvolve em outros meios em que o calor e a umidade coexistem.
>
> as pessoas com feridas abertas parecem ter mais propensão à infecção, portanto, o germe ou o seu vírus podem entrar por <u>inoculação</u> para prolongar os seus efeitos — isso explica as recuperações rápidas mediante a remoção para um lugar não infetado.

> para explicar o fato da sua importação para lugares novos mas adequados não é necessário defender que o germe se desenvolve no organismo humano, também se desenvolveria em alimentos ou qualquer outro material importado.
>
> o seu desejo de calor e umidade torna a superlotação em compartimentos quentes e úmidos extremamente perigosa.

Acho isso muito comovente e estranhamente inspirador. São homens muito inteligentes e honestos que tentam levar em consideração todas as provas à sua disposição, tateando em direção à verdade, mas no fim não conseguem encontrá-la.

Foi preciso um salto da imaginação para ver que não era a presença de algo, mas a sua ausência, que causava o problema. Mesmo o médico holandês Christiaan Eijkman, que ganhou o prêmio Nobel por mostrar que galinhas alimentadas com arroz branco desenvolviam uma doença parecida com o beribéri, morreu acreditando que era um veneno no arroz branco, não a ausência de vitamina, que causava o problema.

O que Manson e Falkener mostram, entretanto, é que é possível que as pessoas pensem sobre algo de uma forma honesta e desinteressada, que é um comportamento por muito tempo negado por várias escolas de pensamento.

21. Não convencionais e estrangeiros

Podem pensar que sou uma pessoa perigosa ao dizer que tenho uma pequena coleção de livros com representações gráficas de suicídio por enforcamento. Posso alegar que isso é de interesse profissional, visto que tive de lidar com uma quantidade superior à média, ao longo da minha carreira, de gente que tentou esse meio de acabar com a vida, e examinei entre 10 e 15 mil pessoas que tentaram suicídio. Inclusive, uma vez estive envolvido num caso de assassinato por enforcamento; o assassino deu à vítima a escolha entre ser enforcada ou estrangulada. O homem escolheu ser enforcado, e o responsável tentou então fazer parecer um suicídio; eu encaminhei muitas provas contrárias à polícia, e o homem foi devidamente condenado. Ressuscitei homens enforcados – um deles, em sinal de agradecimento, depois tentou me processar – e também atestei a morte deles.

Mas nada disso justifica a minha coleção, mais atribuível ao prazer do que ao conhecimento, embora seja um prazer de pequena dimensão, visto que a coleção foi formada de maneira circunstancial e não deliberada. Não procurei esses livros, mas comprei-os quando se colocaram no meu caminho.

Os dois mais importantes da coleção são *Le Pendu de Saint Pholien* [O Enforcado de Saint Pholien], de Georges Simenon (1931), e *The Anatomy of Suicide* [A Anatomia do Suicídio], de Forbes Winslow (1840).

O de Simenon é um dos primeiros romances do Inspetor Maigret, um livro de bolso barato quando foi publicado pela primeira vez, mas que deixou de ser barato. O seu papel, muito amarelado e quebradiço pelo passar do tempo, exala um cheiro característico, pois os livros ingleses e franceses têm um odor diferente. A capa mostra uma imagem pavorosa em preto e branco, feita por um artista chamado Lecram, de um homem enforcado pendurado na gárgula da torre de uma igreja, que é imediatamente intrigante porque não é fácil ver como, mesmo com ajuda, ele teria conseguido chegar lá.

No romance, ele não chegou lá. O homem enforcado do título se matou na entrada da igreja, facilmente acessível, não numa gárgula na torre. Mas o leitor não fica desapontado porque o relato é muito satisfatório na ambientação. Simenon, que era obviamente belga, retornou muitas vezes para a Liège de sua infância, ou para Meuse,[1] ao construir o cenário dos seus livros. É curioso perceber a frequência com que grandes escritores escolhem a nada promissora vida provinciana (nenhum coração salta de alegria com a visão dessa região) como tema: é este que faz os grandes escritores, ou os grandes escritores fazem o tema? Da mesma maneira, a paisagem mais magnífica raramente evoca a maior pintura paisagística: por que não?

Simenon *era* fantástico. Ele tinha o talento da simplicidade sem simplificação, e – independentemente de suas qualidades desinteressantes enquanto homem na vida real – ele tinha como escritor grande sensibilidade em relação às fragilidades, paixões, esperanças e autoenganos de homens e mulheres comuns. Com a sua escrita, ele torna o comum, o cotidiano, interessante; e a paisagem banal da Meuse se torna romântica sem romantismo. O leitor vê o mundo de forma diferente, e praticamente não se pode pedir de um escritor mais do que isso.

O *Enforcado* tem uma trama cujo desfecho o leitor não pode adivinhar, mas fica querendo muito saber. Simenon não planta pistas no caminho cujo significado os atentos leitores de histórias de detetive podem se orgulhar de ter identificado, e os desatentos se recriminam por não terem percebido. Mas a história não é tudo no livro, ou seu único interesse; fundamental para

---

[1] Um dos departamentos da região da Lorraine. Seu nome se deve ao Rio Meuse, que atravessa o departamento. (N. T.)

ele, talvez de forma surpreendente para um homem não convencional como Simenon, é uma boa sátira relativa ao não conformismo artístico.

Os personagens principais formam um grupo de homens que, dez anos antes da ação, fundaram como estudantes uma associação denominada Os Companheiros do Apocalipse – em Liège. Consideravam-se todos gênios da arte, destinados a uma carreira de Rembrandt, mas as suas carreiras se tornaram comuns, com graus variados de sucesso financeiro e vida familiar feliz.

Quando eram estudantes, contudo, discutiam a respeito de filosofia até altas horas da noite, como fazem os estudantes (ou faziam, quando eram em menor número), num ambiente com vinho, fumaça, à meia-luz, aluguel atrasado e pobreza. Este é um ambiente em que noções extremas e absurdas, inflamadas por "uma mistura de Nietzsche, Marx, Moisés, Confúcio e Jesus Cristo", podem parecer urgentes e inevitáveis. Um deles, Klein, questiona se é fácil matar, a partir do ponto de vista psicológico, e se põe a demonstrar que é. A vítima é um dos Companheiros do Apocalipse, de certa forma um "estranho", um judeu chamado Willy Mortier, o único que tinha uma vida confortável, portanto, secretamente objeto da inveja dos outros. Klein o mata e o grupo joga o corpo no Rio Meuse, onde nunca é encontrado, e não há nenhuma investigação. Klein fica com tanto remorso que acaba se enforcando na entrada da igreja de Saint Pholien. O grupo se dispersa, continuam suas vidas em outros lugares, em Paris, Bremen e Rheims. Outro membro do grupo, Lecocq d'Arneville, é atormentado por esse suicídio – ele também fica cheio de remorso e acredita que os outros membros do grupo, que tentaram esquecer o passado, deveriam pagar. Ele os chantageia não para ficar com o dinheiro (que ele queima), mas para arruinar-lhes devidamente a vida. E dessa forma as consequências ruins do comportamento não convencional da juventude são terríveis e duradouras.

* * *

Eu cheguei à anti-inconvencionalidade por outro caminho, tendo sido por natureza propenso e atraído à vida não convencional. Primeiramente, observei que o significado do não convencional vinha do oposto, ou pelo menos por provocação, de respeitabilidade. Onde não há respeitabilidade, o não convencional não pode existir; perde a sua razão de ser, o seu ferrão. As mudanças sociais produzidas eram tão grandes na época do início da minha vida adulta que a respeitabilidade se tornou a nova não convencionalidade: convenção, seja a minha revolta.

Entretanto, havia algo mais. Na África, e em outros lugares, vi que pessoas de fato pobres, aquelas que não podiam saber se haveria o suficiente para comer no dia seguinte, queriam desesperadamente estar limpas e arrumadas. Quando conseguiam isso apesar de todos os obstáculos, a sua limpeza e arrumação representavam um triunfo do espírito humano. Nos países ricos, as pessoas que podiam evitar a miséria mas viviam nela e andavam desmazeladas, com jeans habilidosamente rasgados, não estavam expressando muito a sua solidariedade com os pobres e desvalidos da Terra, como gostavam de imaginar, mas diferenciando-se deles. Mais tarde, senti uma aversão visceral pela moda de se vestir como pobre quando não se é nada disso. Foi como se houvesse um surto em massa do espírito de Maria Antonieta, todo mundo dando uma de pastor sem olhar para uma ovelha.[2]

O livro de Winslow, ao contrário do de Simenon, tem uma capa extraordinária. Forbes Winslow era psiquiatra, ou psiquiatra forense, cujo filho, com o mesmo nome, e psiquiatra também, talvez tenha sido mais famoso do que o pai, principalmente por ter dado sugestões a respeito do caso de Jack, o Estripador. Pelo que eu saiba, ninguém disse ainda que Forbes Winslow podia ser o Estripador, embora quase todo mundo de relevância da época tivesse sugerido isso.

The Anatomy of Suicide é considerado em geral como o primeiro texto médico em inglês que trata do suicídio, embora a meu ver seja um engano. Normalmente referem-se a ele com desprezo, julgando-o intelectualmente confuso e sem valor duradouro. O autor não é capaz de decidir se o suicídio é um crime ou o resultado de uma doença que merece compaixão. Sem dúvida, o seu desempenho intelectual é muito inferior ao, digamos, do sociólogo Émile Durkheim, cinquenta anos mais tarde. Forbes Winslow não consegue

---

[2] Referência à rainha da França, Maria Antonieta, que mandou construir uma aldeia camponesa em Versalhes para experimentar a vida humilde dos que viviam no campo. (N. E.)

classificar os atos de suicídio nem as suas causas; suas raríssimas estatísticas são rudimentares. Mas o livro não deixa de ter interesse ou encanto.

Primeiramente, algumas das histórias clínicas contadas por Winslow são reconhecíveis hoje: por exemplo, a de uma mulher suicida que achava que tinha matado o filho e não se convencia do contrário, mesmo depois que lhe mostraram a criança viva e bem, a mesma criança que ela afirmava ter matado por estrangulamento. Ela simplesmente afirmava que era outra criança, embora parecesse com o seu filho, e insistia em acreditar que o tinha matado de forma perversa. Tive um caso exatamente igual 170 anos mais tarde.

Na verdade, Winslow é bastante perspicaz a respeito do aspecto fugaz da imaginação suicida que pode afligir mesmo as pessoas normais (supondo que eu, que sou o meu próprio padrão de comparação, sou normal). Ele descreve um homem que pensou no suicídio por causa do absoluto tédio de colocar sua roupa todos os dias. Winslow também descreve o impulso suicida momentâneo que muitas pessoas sentem quando são expostas a uma grande altura:

> Há centenas de pessoas que não podem se aproximar da beira de um penhasco, ou subir numa torre alta, sem sentir um desejo quase invencível de se jogar...

"Quase invencível" é um exagero, pois se o impulso fosse tão forte as pessoas se renderiam a ele com muito mais frequência; mas sem dúvida sempre que visitei grandes cataratas — Niágara, Iguaçu ou Vitória — pensei que seria fácil e talvez aconselhável pôr um fim a todos os meus ínfimos sofrimentos, presentes e futuros, jogando-me.

Já me aproximei da beira ainda mais perto do que se permite oficialmente, para que a chance agisse. Daí lembrei-me de um estudo de pessoas que tinham se jogado de edifícios altos com a intenção de se suicidarem, mas sobreviveram. Mais da metade se arrependeu do que tinha feito quando estava caindo, talvez o exemplo mais autêntico e intenso de arrependimento que o homem conhece.

A capa do livro é uma variante estranha da suspensão humana. Um jovem com uma coroa de espinhos e que pregou todos os seus membros a uma cruz, exceto o braço direito, está pendurado para fora de uma janela em Nápoles, suspenso numa rede. Ele não morreu e não repetiu a tentativa, mas segundo Winslow sofreu de melancolia pelo resto da vida.

Forbes Winslow vibra com o orgulho nacional indignado por causa da sugestão de que os ingleses, em decorrência de sua neblina, são propensos ao suicídio, uma acusação a eles atribuída a eles por, entre outros, Montesquieu.

> A acusação é quase ridícula demais para ser seriamente refutada. Já se sabe que para um suicídio em Londres, há cinco em Paris. Em 1810, o número de suicídios em Londres chegou a 188; Paris tinha cerca de 400 mil habitantes menos do que Londres. De 1827 a 1830, não ocorreram menos do que 6.900 suicídios; ou seja, uma média de aproximadamente 1.800 por ano.

Os franceses cometem suicídio com demasiada frequência porque são um povo frívolo, irreligioso e fútil:

> As causas que frequentemente levam à autodestruição na França são uma educação religiosa deficiente, *ennui* (tédio), e insucesso nos dados ou cartas.

E continua citando um exemplo:

> – Você vai jantar comigo hoje à noite? – perguntou um francês a um amigo.
> – Com o maior prazer; mas, pensando bem, estou ocupado, tenho que me matar; não se pode deixar um compromisso *desse tipo*.

"Isso", comenta Winslow, "no nosso caso não é suicídio *à la mode*". Ao contrário, somos um povo sério: "Quando nos matamos, isso se faz com a verdadeira gravidade inglesa. Para nós não é brincadeira".

Esse comentário me lembrou uma passagem nas memórias de um dos últimos carrascos da Inglaterra, Albert J. Pierrepoint. Perguntaram-lhe uma vez se as pessoas relutavam a caminho da forca. Pierrepoint respondeu que ele só conheceu um que se opôs dessa maneira; "e ele", disse Pierrepoint, explicando, "era estrangeiro".

* * *

Tal passagem, por sua vez, me lembra um comentário de Arthur Koestler sobre os ingleses e enforcamento no seu livro escrito contra a pena capital, *Reflections on Hanging* [Reflexões sobre Enforcamento]. Foi escrito numa época em que esse velho ritual era duramente atacado, e Koestler, que sabia o que significava ser condenado à morte, pois havia passado várias semanas sob essa sentença numa prisão espanhola durante a Guerra Civil, queria acrescentar a sua contribuição. Parece que os ingleses, ele disse, não se importam de ser enforcados; "na verdade", acrescentou, "parece até que gostam disso".

Mesmo assim a sua atitude não era completamente clara, pois no seu *Spanish Testament* [Testamento Espanhol] ele reconheceu que se sentia cada vez mais livre e feliz na espera da execução do que em qualquer outro momento da sua vida. "Esteja certo, senhor", disse o Dr. Johnson, "é grande a concentração na mente de um homem quando sabe que vai ser enforcado dentro de quinze dias"; mas a concentração da mente não é o mesmo que o sentimento de liberdade e felicidade.

Como Koestler poderia se sentir mais livre e feliz sob sentença de morte do que em qualquer outro momento da sua vida? Suspeito de que foi porque ele ficou livre de todas as coisas irrelevantes da vida, as constantes ansiedades e os aborrecimentos, que na sua cela de condenado ele estava num estado de ser puro, sem distração, o máximo que um ser humano pode alcançar. Ele se encontrava numa situação que é o oposto da do homem descrito em *Spectator* [Espectador], de Addison, que se enforcou para evitar a intolerável contrariedade de ter que prender as ligas todos os dias, e para quem, segundo Madame de Stael, a passagem do tempo só era marcada pela rápida repetição de pequenos incômodos.

É possível, é claro, ter uma coleção desses autores que foram condenados à morte e depois a pena foi suspensa: Dostoiévski, Koestler e Herman Charles Bosman, por exemplo; este último o maior escritor que a África do Sul produziu (ele matou o cunhado durante uma briga). Se a condenação à morte é algo bom para escritores e a literatura é uma questão epidemiológica de certa complexidade metodológica; não arrisco a dar uma opinião.

22. Palavras grosseiras

Outra questão interessante é se a censura é algo bom para a literatura. Pessoalmente, suponho que sim. Sem dúvida, a maior parte da melhor literatura no mundo foi produzida em condições de censura; e a liberdade de dizer tudo não parece ter elevado muito o padrão médio, muito menos produziu até agora picos jamais escalados de beleza e valor.

Evidentemente, a censura pode esmagar a vida da literatura quando é muito pesada, mas, de forma diferente, a liberdade também pode. Os escritores em geral são indisciplinados, e um pouco de censura boa e cuidadosa é como a execução, tem a capacidade de fazer a mente se concentrar maravilhosamente. Turgueniev seria tão bom se não tivesse que falar de modo indireto de seus temas? O que funciona na mente de forma indireta é mais eficaz. Estou de acordo com Emily Dickinson:

> Diga toda a Verdade, mas diga-a indiretamente
> O sucesso reside no Rodeio
> Brilhante demais para o nosso enfermo Deleite
> A maravilhosa surpresa da Verdade
> Como o relâmpago acalma as Crianças
> Com suaves explicações
> A verdade deve se mostrar gradativamente
> Senão os homens ficarão cegos.

Uma leve censura, suave e incompleta, favorece o implícito, enquanto a liberdade favorece o explícito. Além disso, quando se dá livre curso ao explícito, este tende a se tornar um deus selvagem, pedindo cada vez mais sacrifícios. O que de início parecia ousado logo se torna enfadonho ou banal, e é esquecido por ser ultrapassado; a invenção se torna sinônimo do desejo e da necessidade de atrair atenção momentânea por excesso de expressão. Tudo isso é frustrante e se torna entediante; e uma pessoa sofisticada é alguém que põe limites em tudo.

Tenho uma pequena coleção de livros ilícitos, ou melhor, livros que antigamente eram ilícitos. No meu exemplar de *O Amante de Lady Chatterley*, por exemplo, consta que foi impresso em Florença em 1929, pela Tipografia Giuntina sob a direção de L. Franceschini (a liberalidade do regime de Mussolini é bem conhecida). Na verdade, foi impresso e publicado clandestinamente em Londres em 1930 pelo livreiro anarquista (!) Charles Lahr e pelo escritor australiano, e mais tarde partidário do Eixo, P. R. Stephenson. Na tentativa de proibição do *Lady Chatterley* vemos o efeito maligno da censura: fez um livro ruim parecer interessante e importante.

Talvez tenha sido porque o próprio Lawrence ficou tão doente na época em que escreveu o romance que não se deu conta de como era extremamente rude, como não havia nenhuma humanidade, em fazer do paraplégico Sir Clifford um símbolo da repressão sexual da época. Não se gasta nenhuma palavra ou expressão de compaixão pelo sofrimento de um homem que foi ferido na coluna durante a guerra e ficou paralítico da cintura para baixo. Algumas partes do texto são extremamente ruins; somente um homem sem senso de humor poderia ler sobre o brilho das nádegas de Lady Chatterley sem rir.

Depois que o promotor público Mervyn Griffith-Jones perguntou, no seu discurso de abertura, se era o tipo de livro que as pessoas gostariam que a esposa ou os empregados lessem, e os jurados compreensivelmente deram risadinhas, não havia possibilidade de uma condenação. Foi um destino cruel para um homem íntegro, como era Griffith-Jones, que nunca causou mal algum, ser lembrado pela história somente por uma observação estúpida feita no tribunal. Embora tenhamos que perguntar se a rudeza de costumes que Griffith-Jones evocou no seu discurso, explicada pela ampla disseminação do livro, era menos realista do que o enaltecimento bajulador do livro, pelos críticos chamados como testemunhas da defesa, muitos dos quais, imagino, juraram em falso nas suas provas, por excesso de avidez na causa que estavam defendendo, e disseram coisas nas quais não acreditavam de forma alguma.

Meus livros ilícitos dignos de prêmio são da mesma época. Volumes encapados com papel de jornal velho levados para a casa da minha mãe por sua prima não convencional que vivia em Paris em círculos literários depravados. Naqueles tempos, quando a respeitabilidade ainda existia, o não convencional tinha um propósito e era visto por muitos como subversivo e perigoso. Além disso, ainda era possível viver no centro de capitais com quase nada se a pessoa estivesse preparada a abrir mão das amenidades confortáveis da vida. Agora, o não convencional não passa de uma batalha contra uma porta aberta.

O meu pai, ele próprio não era nenhum modelo de respeitabilidade, entretanto detestava a prima da minha mãe, creio que mais por causa de um antagonismo pessoal em relação às pretensões artísticas e intelectuais dela do que de qualquer apreensão de um verdadeiro perigo. Uma mulher muito bonita, que se vestia com suéteres escuros de gola alta e usava muito rímel. Esses trajes faziam dela, segundo o meu pai, uma espécie de Jezebel, embora ele próprio fosse um mulherengo e nenhuma mulher no seu escritório escapasse de suas atenções. Eu até tenho um meio-irmão, a respeito de quem não sei nada, só que ele existe. Essas são, contudo, as contradições dos moralistas, eu diria dos moralizadores.

A prima da minha mãe vivia no Quartier Latin e escrevia poemas, publicados em revistas efêmeras de circulação mínima. De sua poesia, lembro-me de um único verso, de um poema de amor: "Tão meu quanto você não é..."

Ficou gravado na minha memória por alguma razão quando tinha 10 anos e o li pela primeira vez, e de fato parece captar bem o desejo desesperançoso, a dor praticamente física no coração, que é amor não correspondido, do qual sofri depois mais de uma vez.

A minha prima foi amante por um tempo de um escritor negro americano expatriado, Richard Wright, autor de *Native Son* [Filho Nativo]. Uma vez, quando fui vê-la em Paris, onde continuou a passar três meses por ano depois de ter ido morar na Austrália, fomos ao Père Lachaise onde estão as cinzas de Wright, para colocar flores. A minha prima me falou sobre a morte dele de um suposto ataque cardíaco logo depois de ter sido tratado num hospital americano em Paris de uma disenteria amebiana crônica, e ela acreditava que ele tinha sido assassinado pela CIA. Afinal, Wright tinha sido comunista, e se opunha publicamente a muitos aspectos da política e da sociedade americanas. Disse que achava que havia uma explicação alternativa da sua morte. O tratamento da disenteria amebiana naquela época era feito com cloridrato de emetina, droga potencialmente tóxica para o coração.

Para minha surpresa – acho que manterei aspectos de ingenuidade comigo por toda a minha vida – a minha prima não estava satisfeita com essa informação; percebi que ela *queria* que tivessem matado Wright, o que, suponho, teria lhe dado o *frisson* de estar envolvida perifericamente num evento cultural de destaque, o assassinato de um escritor importante.

Quando ela chegava à Inglaterra, do Quartier Latin, para as suas breves visitas, levava para a minha mãe livros encapados com papel marrom ou com jornal – obras que haviam sido banidas na época na Grã-Bretanha. (A proibição de livros na Grã-Bretanha era motivada por sexo; na França, por política.) Eu devia achar que livros encapados com jornal ou papel marrom facilitavam a vida de qualquer agente alfandegário; admitia-se a entrada da obscenidade; como se definia na época.

Os livros eram as memórias de Frank Harris e os romances de Henry Miller, publicados pela Obelisk Press, uma editora de língua inglesa fundada pelo escritor nascido em Manchester, Jack Kahane, que variava entre a extrema seriedade modernista, ou sinceridade, de um lado, e a pura pornografia, do outro. Um outro volume dos encapados com jornal era *The Limerick: 1700 Examples, with Notes Variants and Index* [O Limerick: 1.700 Exemplos, com Notas Variadas e Índice], publicado em 1953 por *Les Hautes Études*, a qual, pelo que eu saiba, não publicou nada mais. O autor era um homem chamado Gershon Legman, que tinha dois grandes interesses, o folclore *obsceno* que incluía piadas e poemas, e origami, a arte japonesa de dobraduras. Dizem que ele foi a primeira pessoa a tornar piadas sujas objeto de estudo acadêmico. Certamente, a sua coleção de poemas jocosos, com notas etimológicas e variantes geográficas, mostra a sua aplicação e erudição. Mas ao tentar celebrar a variedade infinita do aprendizado humano, e ter na lembrança que todos os fenômenos merecem atenção erudita, pelo menos por uma ou duas pessoas no mundo, não posso tirar da minha cabeça a ideia de que toda uma vida dedicada ao estudo de rimas obscenas (e coisas semelhantes) não foi totalmente *bem* gasta.

* * *

Acho a capa marrom do livro mais interessante do que o seu conteúdo. Quando se abre aleatoriamente o exemplar, os próprios poemas parecem tão inofensivos, fracos e sem malícia, que parece estranho que medidas de precaução para escapar da alfândega fossem necessárias:

> Havia uma jovem de East Anglia
> Cujos órgãos reprodutores eram um emaranhado de gânglios
> A sua mente era uma trama
> De Freud e Krafft-Ebing[1]
> E de todos os tipos de novidades.

Que porcentagem da população, eu me pergunto, seria capaz de entender as alusões a gânglios e Krafft-Ebing? Tenho vontade de sair a campo e fazer uma pesquisa para descobrir a proporção da população que sabia algo a respeito de Krafft-Ebing. Na Inglaterra, imagino, Krafft-Ebing seria compreendido principalmente como uma forma poética de descrever o declínio do bordado.[2]

A capa do livro é uma página despedaçada e amarelada do *Guardian* de 30 de novembro de 1959, com notícias que tratam principalmente da conferência do Partido Trabalhista daquele ano. Aneurin Bevan, por exemplo, alardeou que os conservadores não eram capazes de desafiar países como a Rússia e a China porque o capitalismo moderno tinha fracassado, e que a Grã-Bretanha enfrentaria um desafio não da América, não da França, mas da Rússia e da China, onde, ele disse, "as pessoas

---

[1] Psiquiatra alemão (1840-1902) pioneiro no estudo da psicopatologia sexual. (N.T.)

[2] O som da palavra em inglês (Krafft-Ebing) pode soar como *craft* (trabalho manual) e *ebbing* (declínio). (N.T.)

estão começando a colher os frutos materiais do planejamento e propriedade públicos" (tal como, por exemplo, a fome causada pelo Grande Salto para Frente, na época no seu apogeu, que foi a pior fome, medida em número de vítimas, de toda a história). Havia apelos de tolerância no partido, que havia sofrido uma onda de expulsões por trotskismo: "Insatisfação com a forma pela qual membros haviam sido expulsos do partido trabalhista por causa de 'atividades perturbadoras' foi expressa por porta-vozes no sábado".

O outro lado da página é menos político. O artigo "O *ploc* que faz o Natal ser um sucesso!" é sobre a garrafa de vinho quando se tira a rolha:

> O vinho faz parte do Natal como o pudim! Perfeito para festas... o toque que coroa uma maravilhosa ceia de Natal... o vinho traz a sua própria radiante cordialidade para a época mais cordial.

O artigo continua e diz ao leitor que não deve se preocupar se for inexperiente na escolha de vinho porque o "seu vendedor" "sugerirá com prazer" o que é certo para você. E abaixo há mais uma sugestão para os leitores: "As velhas taças inglesas fazem parte dos objetos mais encantadores a serem colecionados", são "obtidas facilmente e custam uns poucos *shillings* ou mais".

O Grande Salto para Frente e expulsões de trotskistas, depois, numa página, as boas maneiras da classe média prestes a desaparecer, no próprio processo de desaparecimento na página seguinte. Não é só a religião que teve o seu longo e melancólico rugido de retirada, a respeitabilidade também. A revolta da classe média contra a respeitabilidade é evidente no seguinte ponto: "Na maioria das cidades deve haver um serviço de babás centralizado, responsável e – sim – respeitável".

A necessidade de respeitabilidade num serviço de babás é sem dúvida algo vergonhoso, portanto, desculpável.

"Respeitável" se tornou um palavrão, quase tabu na alta sociedade; é estranhamente adequado, então, que essa página fosse usada para encapar um livro proibido (mas não por muito mais tempo) por causa de sua indecência. Mas mesmo assim um serviço respeitável "foi recentemente criado em Londres por um brilhante jovem homem de negócios inglês", "casado com uma atriz e que tem um filho de 4 anos" – "portanto, ele conhece a dificuldade". O brilhante homem de negócios inglês de 33 anos seria agora um octogenário, se estiver vivo, e o filho, um sexagenário. Quando penso nisso, sou invadido por uma melancolia ao mesmo tempo doce e amarga, que é, ou de qualquer forma gera, uma sensação praticamente física no meu coração.

O mundo de cinquenta anos atrás é tão irrecuperável quanto o de 400 a.C. Efetivamente não se pode entrar no mesmo rio duas vezes (talvez nem mesmo uma, como disse Crátilo). Pode-se ler o seguinte parágrafo:

> Seria interessante descobrir exatamente quanto tempo a dona de casa – sem falar na esposa que concilia casa e profissão – fica "esperando" num telefone quando aquele que a chama parece sempre ser requisitado em outro lugar no momento exato em que a ligação é feita. Um dia assim deixa os nervos em frangalhos.

A solução para esse problema grave é um dispositivo chamado Fonadek, que "é um tipo de suporte de alto-falante no qual o receptor é colocado", dessa maneira "a voz do outro lado é amplificada numa intensidade que pode ser ouvida em todo o recinto", permitindo que a pessoa que aguarda fique livre para fazer outra coisa durante aquele tempo perdido.

Falei de Jack Kahane, o editor da Obelisk Press. Ele morreu em Paris pouco tempo depois da deflagração da guerra, o que talvez tenha sido bom, pois, como judeu estrangeiro, provavelmente teria sido deportado e morto durante a ocupação, assim como o seu filho, Maurice. Mas este último mudou de sobrenome e adotou o de sua mãe, Gerodias, que não era judeu, e sobreviveu para continuar o trabalho do seu pai depois da guerra. A Obelisk Press se tornou Olympia Press, e seus 94 títulos foram contrabandeados para a Inglaterra até 1964, quando a permissividade tornou a ilegalidade obsoleta. Todos os títulos da Olympia Press foram publicados com capas idênticas, imediatamente reconhecíveis mas num verde-oliva sóbrio, o que era uma espécie de garantia de que dentro a devassidão seria encontrada.

O meu favorito é o penúltimo título a ser publicado, *Murder vs Murder: The British Legal System and the A6 Murder Case* [Assassino vs. Assassino: O Sistema Legal Britânico e o caso do Assassino A6], de Jean Justice. Trata-se de uma análise do caso de James Hanratty, um dos últimos homens a serem enforcados na Grã-Bretanha; é um livro extremamente estranho, ao mesmo tempo reticente e autorrevelador.

Jean Justice era filho de um diplomata belga. Ele cresceu interessado no julgamento de Hanratty, acusado de roubar um carro, matar o homem que o dirigia e de violentar a sua amante; o seu próprio amante homossexual, um advogado, lhe deu acesso ao julgamento, muito divulgado. Como muitos outros, Justice convenceu-se da inocência de Hanratty. Além disso, ele também ficou convencido da culpa de um homem chamado Peter Louis Alphon.

Para provar essa tese, tornou-se amigo de Alphon e teve um tórrido caso homossexual com ele, que foi visivelmente muito além de quaisquer tentativas de armar uma cilada para que confessasse a culpa. (Alphon *de fato* confessou, mas a sua palavra era tão confiável quanto a de qualquer ministro do governo britânico contemporâneo.) Se é verdade que se pode ser explícito e ao mesmo tempo ficar nas entrelinhas, esse livro era explícito em relação ao caso, que é o que presumivelmente fez o livro ser publicado na França e não na Inglaterra. Entre outras coisas curiosas, uma vez Alphon tentou estrangular Justice, mas este continuou a vê-lo. Isto não é de forma alguma implausível, pois muitas pacientes minhas foram atacadas muitas vezes dessa forma por seus amantes, namorados, maridos ou *companheiros*.

— Ele estrangula você? — eu costumo perguntar, quando tenho a suspeita.

— Sim, mas não o tempo *todo*, doutor — costumam responder.

Claro, quando ele (o estrangulador) era legal, ele era muito legal — como Alphon, segundo Justice.

Como prova parcial da inocência de Hanratty, Justice publicou algumas das cartas que Hanratty escreveu enquanto aguardava a execução. Hanratty era uma pessoa analfabeta, portanto ele as ditou a agentes penitenciários, e creio que aquele que não se emocionasse com elas tinha um coração duro. Na sua última carta para o irmão, na véspera da sua execução por enforcamento, ele escreveu:

> Bem, Mick, farei o possível para enfrentar a manhã com coragem e força e tenho certeza de que Deus me dará coragem para isso. Mick,

agora você é o mais velho na família e sei que eu não poderia contar com ninguém melhor do que você. Mick, sempre nos demos bem e passamos muitos momentos bons juntos durante todos esses anos. Mas vou pedir a você um pequeno favor, gostaria que você tentasse e me inocentasse desse crime. Alguém em algum lugar é responsável por esse crime e um dia vão investigar novamente e a verdade vai aparecer. Está chegando a hora, está quase de dia, por favor, cuide da mamãe e do papai por mim.

Provas sugerem que Hanratty era, de fato, culpado, mas mesmo assim as palavras "Está chegando a hora, está quase de dia" são terríveis na sua simplicidade quando você sabe o que "está quase de dia" significa para ele. Não conheço palavras mais simples ou poderosas, a não ser a resposta de Gloucester para o velho homem quando este lhe diz que não pode ver (os olhos de Gloucester foram arrancados): "Não tenho saída, portanto não quero olhos".[3]

Claro, a capacidade de dizer algo comovedor ou eloquente não é prova de bondade nem de inocência. O assassino Jack Henry Abbott escreveu cartas de mérito literário para Mailer, que depois as usou para fazer campanha para Abbot ser solto. Seis semanas mais tarde, quando conseguiu sair da prisão, Abbott voltou a matar. Como Abbot escreveu, "Livros são perigosos quando há injustiça". Mas a injustiça pode existir no coração de um homem; os livros podem não necessariamente erradicá-la, na verdade, podem inflamá-la ainda mais.

---

[3] Referência a *Ricardo III*, de Shakespeare. (N. E.)

23. Roubar tempo

Recentemente, entrei num sebo que era novo para mim. Era um ambiente que mesclava poeira e umidade. Pobre, mal-iluminado e desorganizado, com uma mulher rabugenta numa escrivaninha lotada de coisas assumindo o comando de má vontade no lugar do proprietário ausente, era o tipo de estabelecimento que faz o coração do bibliófilo disparar de excitação, o que grandes magazines excessivamente iluminados e animados nunca suscitam. Não devemos nos importar com as traças e outros insetos mumificados nas páginas amareladas dos velhos livros que exalam um cheiro acre quando os abrimos, que nos pegam no fundo da garganta e quase nos fazem engasgar. Talvez haja um tesouro não identificado nas prateleiras, pacientemente esperando a sua liberação para uma casa mais adequada e agradecida, ou seja, a nossa própria biblioteca.

Espremendo-me nos espaços estreitos entre as pilhas de livros no chão e nas estantes, puxei um volume, agora com 80 anos, que achei que pudesse me interessar. Foi um daqueles que os livreiros tendem, tanto em seus catálogos quanto inscritos microscopicamente a lápis na folha de rosto, a chamar de raros. Nunca, por razões óbvias, salientam que aqueles que podem de fato querer comprá-los são ainda mais raros.

Logo descobri que o próprio livro tinha pouco interesse para mim; mas o que estava escrito à mão na folha de rosto logo ficou indelevelmente marcado na minha mente: "Este livro foi roubado de...".

Quando olho para os milhares de volumes nas minhas prateleiras, o acumulado durante toda uma vida, uma unidade indivisível, tiro o seu destino inevitável da minha mente, e imagino que nada pode nos separar. Mesmo quando pego um volume que possuo, de 300 anos, e vejo inscrito nele os nomes de seus donos sucessivos, não concluo que sou somente seu guardião temporário, e que o fato de estar sob minha custódia é meramente um breve episódio na sua longa história. Não, concluo que, finalmente, o livro encontrou seu *verdadeiro, legítimo e último* dono, que sou a finalidade, a conclusão que os trezentos últimos anos estão almejando. Como é fácil revelar as ilusões dos outros, mesmo quando são idênticas às nossas. Uma vez, quando trabalhava como médico, havia dois homens na mesma ala que diziam ser, e estavam convencidos disso, Haile Selassie. Com que gargalhadas debochadas reagiam ao ouvir as alegações um do outro.

Nos meus momentos mais lúcidos, sei o que vai acontecer com os meus livros. A minha viúva, que achará que são um estorvo, chamará algum negociante ou algo do gênero, que vai lhe oferecer uma *metragem*, ou seja, uma pequena quantia de dinheiro por uma medida X de prateleira. Isso é bem verdade, muitos dos livros nessa medida de prateleira valerão umas poucas libras no máximo, mas um ou dois (o livreiro faz o possível para dissimular o brilho nos seus olhos) custarão centenas ou mesmo milhares. O livreiro dará a impressão de fazer um favor para a minha viúva, vai ficar sugando ar através dos dentes, e alegará que só o transporte já lhe custará mais do que os livros valem. Finalmente, contrariado, ele concordará em tirá-los das mãos dela, e ela será sempre grata a ele.

De fato, os livreiros dependem tanto da morte para o seu sustento quanto os agentes funerários. Uma vez, um amigo meu, um acadêmico ilustre, morreu, e um negociante ofereceu à herdeira uma quantia irrisória por seus livros. Na verdade, era uma pequena coleção, mas era seleta, contendo (por exemplo) as primeiras edições de Adam Smith. Eu convenci a herdeira, que no seu pesar teria aceitado a primeira oferta, a pedir muito mais, o que o livreiro, contrariado, concordou em pagar.

Nem sempre é o pesar que ajuda o livreiro, mas a cobiça. Um dos aficionados no País de Gales – não serei mais específico – disse-me uma vez que às vezes é chamado para ir a uma casa com o cadáver ainda no seu leito de morte, para comprar ali mesmo os livros antigos que a casa tem. A herdeira ou outros legatários temem que os herdeiros ausentes dificultem a divisão do espólio, e preferem ter o todo de uma pequena quantia do que uma fração de uma grande. Se isso é economicamente seguro do ponto de vista da herdeira e dos legatários que estão presentes na casa é irrelevante: é a negação da herança para os outros que é de importância vital para o coração do homem.

Prefiro desviar os meus pensamentos da dissolução póstuma da minha biblioteca. Para mim, ela parece possuir uma unidade orgânica evidente, a de toda a minha vida, mas não posso esperar que um observador externo perceba isso. Um amigo meu muito próximo, ao examinar os meus livros, disse uma vez que, no caso das bibliotecas mais pessoais, ele era capaz de dizer quais tinham sido os interesses do dono, a sua profissão e provavelmente o seu caráter também; certamente, lembro-me uma vez de ler que a biblioteca pessoal do professor Ullendorf sobre a Etiópia continha 6 mil livros, portanto não são necessários grandes poderes de detecção para adivinhar qual era a sua área de interesse acadêmico. Mas no meu caso, disse o meu amigo, a minha biblioteca não oferecia nenhuma pista. Várias sessões especiais sobre Rússia, Haiti, Albânia, Libéria, Guatemala e Romênia, junto a julgamentos de crimes, envenenamentos, Dr. Johnson, literatura sobre antivacinação, peste bubônica, a teoria de Bacon sobre a autoria da obra de Shakespeare, ópio e Joseph Conrad, entre outros temas, não suficientemente amplos para serem os de um verdadeiro acadêmico, mas bastante amplos para serem os de um simples leitor de temas variados, não davam uma pista clara sobre a natureza dos meus interesses, meu caráter ou minha vida mental.

Talvez. Em momentos otimistas, digo a mim mesmo que achei o mundo tão interessante que não consegui limitar a minha atenção a um tema específico, nos pessimistas, penso que sou por natureza preguiçoso e impaciente por ter agido assim; por conseguinte, a minha mente é como o ninho do gaio-azul,[1] cheia de coisas brilhantes, talvez, mas no geral é uma confusão.

Contudo, a perspectiva da destruição da minha biblioteca me entristece muito mais do que a da minha própria morte. Isto sem dúvida soará como algo extremamente estranho a todos exceto aos bibliófilos, mas estou longe

---

[1] Pássaro colecionador de objetos brilhantes. É possível ver essas aves à procura de objetos brilhantes no lixo. (N. T.)

de ser o primeiro a ter esse sentimento. O famoso (ou mal-afamado) bibliófilo de Barcelona, um ex-monge que se tornou livreiro, Don Vincente, que chegou a matar pessoas para se apoderar dos livros mais raros que possuíam e depois ficar com eles, disse no seu julgamento que não se preocupava com o que ia acontecer com ele, contanto que a sua biblioteca permanecesse intacta. Havia outras peculiaridades presentes nas respostas que deu em seu julgamento que mostram como a bibliomania pode ir longe, deformando o sentido de proporção de um homem. Ao lhe perguntarem por que, quando matou a sua última vítima, um livreiro rival chamado Augustín Paxtot, não roubou o dinheiro a respeito do qual estava mentindo, ele respondeu com indignação: "Por quem você me toma, um ladrão?". E quando lhe perguntaram se tinha algum remorso por ter matado Paxtot, ele disse que tinha. Ele havia matado o seu rival por causa de um livro que achava que fosse o único no mundo, mas depois descobriu que havia outro exemplar numa biblioteca parisiense. Esse fato desviou o seu ato do objetivo maior.

Não mato por livros, nunca roubei um tampouco, pelo menos se roubar significa pegar com a intenção de tirar permanentemente. De mais de 10 mil volumes da minha biblioteca, somente três são emprestados e não devolvidos, embora não tenham sido devolvidos mais por ter perdido contato com os seus donos do que por estar tão apegado a eles que não consigo separar-me (não têm nada de especial e são sem qualquer valor). Perdi muito mais livros por ter emprestado, portanto a minha consciência está comparativamente, embora não de todo, limpa.

Em geral, a consciência dos bibliófilos é de certa maneira elástica: o bibliófilo ladrão Tallemant des Reaux disse que roubar livros não era de fato um roubo se não fossem vendidos depois. O homem que roubou livros raros em nome de Diderot, embora não sob suas ordens, disse que os livros que ele pegou teriam sido roubados se os tivesse pegado para seus próprios fins, ou se pelo menos tivessem sido úteis para o próprio dono deles. Mas fazia pelo menos quatro anos que o dono tinha entrado na sua biblioteca pela última vez, portanto, ele achava que os livros seriam mais úteis, mais produtivos em termos de conhecimento, nas mãos de Diderot. O que há de mais sensato e justo?, ele perguntou. E, de fato, esse é o tipo de pensamento utilitário que guia praticamente todo o pensamento moderno sobre as questões sociais de hoje.

24. Uma overdose de crescimento

Saber por que o desdém em relação aos livros aborrece tanto as pessoas é de algum interesse. Afinal, livros são apenas artefatos físicos, em geral produzidos em massa, e raramente deparamos com o único exemplar existente.

Uma figura literária tão importante quanto o Dr. Johnson, por exemplo, não respeitava livros como objetos físicos; ele é descrito como um leitor selvagem, como se fosse rasgar o conteúdo das páginas e arrancá-las da capa, entortando-as para trás na tentativa de aproximá-las do seu olho incapaz de enxergar (o retrato de Sir Joshua Reynolds do Dr. Johnson lendo confirma esta descrição). Se um livro existe em muitos exemplares e edições, e além disso foi reduzido à forma digital acessível a todos na internet, quem se importa se um exemplar da edição original, embora existente há muitos séculos, é destruído? De fato, aqueles que possuem outdors exemplares assim antigos devem ficar contentes com a destruição, visto que fará subir o preço mais ainda.

Um bom amigo meu nunca entendeu a obsessão de ter a primeira edição ou um livro raro; afinal, *Jane Eyre* é *Jane Eyre* independentemente da edição (supondo que sua reimpressão seja fiel). O argumento de que bibliófilos colecionam primeiras edições ou edições raras, praticamente desde a invenção da impressão, não o impressiona; trata-se simplesmente para ele de outro exemplo da loucura de tempos imemoráveis do ser humano.

Os argumentos, de fato, estão todos do outro, ou seu, lado. A edição original pode ser mal impressa, precisar de correções; pode ser frágil, portanto, difícil de ler; pode ser incompleta, e edições posteriores revistas podem ter sido aumentadas e melhoradas. Se a finalidade do livro é ser alimento para o pensamento, então esse alimento deve ser o melhor possível.

E mesmo assim o encanto das primeiras edições ou de edições raras, mesmo quando não são bonitas em si mesmas, continua o mesmo para aqueles que sentem esse encanto, e os preços cobrados sugerem que ainda não são poucos. Evidentemente, isso pode mudar com o declínio do hábito de ler livros, introduzido pela disponibilidade da palavra escrita em outras formas. Jornais, pelo que parece, estão prestes a desaparecer; por que não livros, agora que não são necessários? Este é um pensamento melancólico para mim, que vivi acreditando que os livros são praticamente tão importantes quanto a própria vida, e muito mais confiáveis. Sou como um artesão que passou a vida tentando dominar uma habilidade difícil somente para no fim ver que a sua arte se tornou totalmente desnecessária com a invenção de uma máquina que realiza dez vezes melhor e cem vezes mais rápido do que o melhor artesão.

Contudo, não sou realmente pessimista, não por muito tempo, quando me lembro da explicação de Gibbon a respeito do rápido triunfo do cristianismo sobre as religiões estabelecidas da Antiguidade. Gibbon diz que: "[...] foi devido à prova convincente da própria doutrina [...]". Entretanto, continua Gibbon, havia outros fatores além da prova:

> Como é raro que a verdade e a razão sejam favoravelmente acolhidas no mundo, e como a sabedoria da Providência em geral aceita usar as paixões do coração humano, e as circunstâncias gerais do ser humano, como instrumentos para realizar o seu propósito, ainda nos é permitido, embora com uma submissão conveniente, perguntar, não quais foram de fato as primeiras, mas quais foram as causas secundárias do rápido crescimento da Igreja Cristã.

Aplicando esta percepção à questão da atração pelas primeiras edições e pelas raras, então, eu acho reconfortante o que Gibbon denomina "as paixões do coração do homem" – essas incitações irracionais que buscamos em vão eliminar – provavelmente sustentarão os mercados pelo menos pelo resto da minha vida, independentemente das tentativas racionalistas do meu amigo. Como a verdade e a razão não encontram uma recepção favorável no mundo, os leitores continuarão a desfrutar das variações entre as folhas de rosto e as folhas de guarda, por mais que saibam como é absurdo esse prazer em seus corações. A marcha da loucura é longa.

Há, é claro, não somente a questão das primeiras edições e das raras, mas também os exemplares com dedicatórias, autografados e de *associação*.[1] A estratégia moderna de marketing dos autores, que assinam pilhas de seus livros em livrarias enquanto as pessoas fazem filas na mesa atrás da qual ele está sentado, reduz de certa maneira o fascínio dos exemplares modernos autografados, que hoje são praticamente produzidos em massa. De fato, às vezes parece que os autores assinaram tanto os seus livros que os exemplares não autografados são bibliograficamente mais raros (como são suas segundas edições mais do que a primeira). Sem dúvida por várias razões, muitos, talvez a metade, dos tratados médicos do século XIX que possuo têm a dedicatória com os cumprimentos em letra incompreensível do autor para um destinatário com o nome legível, ilegível ou anônimo: como a demanda desses tratados limitava-se a esses destinatários, eram conhecidos por seus autores.

O que há nesses exemplares autografados ou com dedicatórias que agrada? Mais uma vez sei o que o meu amigo racional diria. Como o autógrafo do autor agrega valor ao conteúdo, o único verdadeiro valor que o livro tem? Na maioria dos casos, não é possível saber ao certo se a assinatura ou a dedicatória é realmente a do autor.

Por exemplo, o meu exemplar de *On Asthma: Its Pathology and Treatment* [Sobre Asma: Sua Patologia e Seu Tratamento], de J. B. Berkart, médico, publicado em 1878, é dedicado "*A Thomas Nunn Esqu do Autor*". O Dr. Berkart foi completamente esquecido, apesar de seu livro ser muito inteligente, conter muita erudição e estar no auge da nova compreensão científica dos processos da doença; e como agora foi esquecido, mesmo na história recente da asma pelo professor Jackson, é quase impossível ser capaz de

---
[1] Termo explicado mais adiante pelo próprio autor. (N. T.)

verificar se a letra é de fato sua, pelo menos não sem despender um tempo enorme para obter um resultado de valor extremamente duvidoso. Porém, mesmo que ficasse provado que se trata da sua assinatura (e é difícil compreender por que alguém se daria o trabalho de falsificá-la), meu amigo ainda perguntaria o que ganho a mais com a sua inclusão no livro, que o torna mais interessante do que ler um exemplar não assinado? Ainda uma vez não seria fácil responder de forma convincente.

Este também é o caso dos exemplares de *associação*, ou seja, (para aqueles que não conhecem o termo) exemplares que já foram propriedade de uma pessoa importante, e nos quais ele ou ela deixou uma marca diferenciada. (Há uma inflação na quantidade desses exemplares por uma razão interessante: a internet como uma ferramenta de pesquisa mais ou menos inativa). Muitos anos atrás, por exemplo, antes de a internet transformar alguém num especialista em qualquer tema em cinco minutos, comprei uma primeira edição (por um valor que não era superior ao de uma edição de capa mole) do título de John Ruskin *Unto this Last*, seus quatro famosos ensaios lamentando e condenando o desencanto do mundo provocado pela produção em massa e pela industrialização. Com a letra de quem domina com maestria a antiga caneta-tinteiro, mas com a qual eu, na minha infância, quando essas canetas eram ainda usadas como ferramenta pedagógica, só produzia borrões de tinta, estava escrito o nome *Robt Longsdon*. Anos mais tarde, procurei Robert Longsdon e descobri que ele, ou um homem com esse nome, era o sócio de Sir Samuel Bessemer, inventor do processo industrial pelo qual se produzia aço em larga escala. Certamente, seria uma enorme coincidência que um homem com o mesmo nome de um dos fundadores da sociedade industrial tivesse comprado um livro que falava dos males dessa sociedade, e não fosse o próprio fundador? Portanto, concluí que o meu Robert Longsdon era *o* Robert Longsdon, o sócio do homem cujo processo trouxe para mim bastante sofrimento na minha juventude, posto que eu me esforçava muito para reproduzir gráficos do processo para as provas escolares.

E daí?, pergunta o meu amigo cético. Você chegou a se informar mais sobre Robert Longsdon, sobre a profissão dele e a sua influência? Que benefício intelectual, portanto, obtive com o livro contendo a assinatura dele que não teria com o exemplar de capa mole sem nenhum sinal extra?

Autores, e os que são bastante conhecidos para que a sua assinatura em um livro o transforme num exemplar de *associação*, raramente escrevem algo que seja muito revelador a respeito de suas vidas ou seu caráter. Isto também o meu amigo racional usaria a favor do aspecto absurdo do desejo do livreiro em relação a esses exemplares. A presença de um simples nome ou, no melhor dos casos, uma dedicatória breve e em geral formal nada acrescenta ao conhecimento ou intelecto do dono.

Às vezes, é claro, as dedicatórias nos dizem algo interessante. Por exemplo, no meu exemplar de How Britain Rules Africa [Como a Grã-Bretanha Governa a África], de George Padmore, publicado em 1936, há uma dedicatória reveladora. Padmore era um comunista antilhano, pan-africanista e ativista contra o colonialismo. Na folha de rosto está colado um panfleto para um encontro público contra o envio de tropas britânicas à Palestina, da Federação Pan-Africana em Trafalgar Square, que ia se realizar na minha futura data de nascimento, treze anos mais tarde (algumas pessoas acham essas coincidências de interesse extraordinário e significativas, embora um mundo insuficientemente complexo para que coincidências ocorram inevitavelmente seja quase inimaginável). O encontro ia ser presidido por Padmore, e um dos oradores seria S. C. Mukerjee, um comunista indiano. Foi para este último que Padmore dedicou o livro:

> Para o líder dos Batalhões Negros – Mukerjee. Pela unidade contra o inimigo comum – o Imperialismo britânico.
> Pela vitória contra os Canalhas brancos.
> Com cumprimentos do autor,
> George Padmore
> Londres 12.8.36

Essa dedicatória demonstra a importância da raça na percepção da injustiça. Padmore teria escrito com o mesmo espírito para Mukerjee se as raças que oprimiam as suas pátrias fossem diferentes, digamos árabes e chineses respectivamente? As injustiças pós-coloniais, pelo menos tão grandes quanto as coloniais, não evocavam a mesma intensidade de sentimento por terem sido cometidas por pessoas da mesma etnia daquelas contra as quais foram praticadas. Uma pequena dedicatória como essa abre uma janela para uma câmara da psique humana que seria melhor manter fechada.

Quando olho para a letra de um autor num livro, por um instante eu me torno um grafologista amador, embora acredite que essa ciência seja provavelmente falsa, e adivinho o caráter da pessoa a partir da sua escrita. Por exemplo, tenho um exemplar de uma primeira edição de *Journey without Maps* [Viagem sem Mapas], de Graham Greene, para um homem chamado Anthony Hobson (de quem não tenho nenhum vestígio, que não aparece na biografia de Greene de 2.251 páginas escrita por Norman Sherry, e que, imagino, deve ter sido uma dessas pessoas que abordam o autor para pedir o seu autógrafo). A letra de Greene é angulosa e incompreensível, e praticamente minúscula, não a — estou supondo — de um homem direto que não tem nada a esconder e preza essencialmente a verdade.

Entretanto, essa suposição de caráter não é muito segura, do ponto de vista científico. O fato de já ter lido muitos dos livros de Greene, e de ter lido também algo a respeito dele, não me permite analisar a dedicatória de forma totalmente imparcial.

Mesmo o próprio livro, um relato de uma viagem a pé pela Libéria, contém passagens que me fizeram suspeitar de um certo grau de insinceridade e de autodramatização da personalidade de Greene. Por exemplo, ele narra como descobriu em si mesmo a vontade de viver, antes inexistente, durante um episódio de febre em que a sua companheira de viagem, sua prima Barbara Greene, que também relatou o episódio, acreditava que iria matá-lo. Greene escreve, numa parte intitulada "A Touch of Fever" [Um Toque de Febre] (febre que ele tentou curar com grandes doses de sal de Epsom — usado como purgante — dissolvidas no chá):

> Descobri em mim um interesse apaixonado pela vida. Antes eu sempre pensava, naturalmente, que a morte era preferível.
>
> Houve naquela noite uma descoberta importante...
>
> Eu sabia que conversões não duravam, ou quando duram é somente como um pequeno sedimento no fundo do cérebro. Talvez

o sedimento tenha valor, a lembrança de uma conversão pode ter alguma força numa emergência; é possível fortalecer-se com a ideia intelectual de que depois de estar em Zigi's Town [onde teve a febre] não há dúvida alguma sobre a beleza e o desejo do simples ato de viver.

Acho essa passagem (cuja mudança súbita para o tom impessoal a partir de "é possível fortalecer-se...") quase tão convincente quanto a carta deixada para seus pais por uma adolescente que teve uma overdose: "Queridos mamãe e papai, desculpem-me, acho que ainda tenho que crescer muito".

25. Arsênico e framboesas

Um dos prazeres de uma biblioteca grande ou livraria, em particular sebos, é que simplesmente não se sabe antecipadamente o que esperar. Deixar a sua mente vagar livremente, sem nenhum objetivo a não ser conexões inesperadas resultantes desse vagar, é uma das melhores formas de se perder no puro prazer desinteressado; e a capacidade de se perder é uma capacidade muito mais importante na vida do que a de ser capaz de se encontrar, com sua suposição inerentemente indecorosa de que o que será encontrado será bom e fascinante.

Livreiros de sebos me dizem (portanto deve ser verdade) que os jovens hoje em dia não gostam de ficar olhando os livros. É claro, a expressão "os jovens hoje em dia" deve nos alertar sobre a possibilidade de estarmos simplesmente lamentando o fim da nossa própria juventude e reprovando aqueles que ainda são jovens; homens velhos vêm fazendo isso por séculos e milênios. Mas, ao mesmo tempo em que devemos ter consciência de que avisos não consumados de desastres futuros têm servido de diversão durante séculos, devemos ter essa mesma consciência de que desastres anunciados às vezes acontecem.

Eis o que os livreiros, cujo número decrescente é, aparentemente, a prova de sua credibilidade no tema, me dizem: os jovens, quando entram nas livrarias, perguntam se eles têm um exemplar de título X, em geral algo que os seus professores pediram que lessem, e se não o encontram, a coisa termina aí. Não lhes ocorre olhar em volta; isso lhes parece uma perda de tempo. Desconhecem, portanto, os prazeres de descobertas fortuitas, pois a sua ideia em relação aos livros é inteiramente instrumental, um meio para se chegar a um fim, ou seja, a realização de uma tarefa. Foram criados num ambiente educacional no qual tudo aquilo que é ensinado tem uma suposta relevância para as suas vidas tal como são agora, ou logo serão; de fato, qualquer falta dessa relevância constitui uma possível explicação de seu mau comportamento ou sua atitude refratária na aprendizagem. A noção de que a *irrelevância* do tema para a sua vida presente pode enriquecê-la e ampliar seus horizontes, expandindo o que conta como relevante para eles, é totalmente sem propósito. Vivemos numa época que valoriza a diversidade e impõe a uniformidade.

Naturalmente, dirão que *navegar na internet* é uma forma mais elevada e eficaz de procurar do que em livrarias. Para início de conversa, a internet é praticamente infinita na informação que contém, enquanto uma livraria é extremamente limitada no seu estoque. E depois, com um simples toque, a conexão pode ser feita. Em livrarias, há obstáculos físicos que devem ser enfrentados; todo mundo sabe que os livros na prateleira de cima, que só pode ser alcançada com uma escada, têm grande probabilidade de permanecerem intactos por mais tempo do que os que estão na altura dos olhos, independentemente de seus méritos.

Expus o argumento a livreiros que reagem com muita raiva. Navegar na internet, dizem, não é absolutamente o mesmo que ficar percorrendo estantes e olhando livros desconhecidos; não estabelece as conexões totalmente inesperadas e fortuitas presentes, em geral de qualquer forma, na origem da verdadeira criatividade. É verdade, ao seguir os links num site da rede, logo se estará longe do tema original, exatamente como a pergunta de uma criança, *Por quê?*, que leva depois de quatro ou cinco passos à pergunta mais fundamental, por que há algo em vez de nada? Mas os links já estão prontos para o navegador da internet, e é a racionalidade deles, digamos, o seu aspecto óbvio, que os torna menos valiosos. A mente de um navegador da internet é passiva se compararmos com a de um "navegador de livros", portanto, ele não pode ter a experiência do momento *Aha!* deste último, que é como um orgasmo intelectual.

Não sei se isso é verdade ou se é o que um livreiro diria. Como há poucos jovens "navegadores de livros", também há poucos livreiros jovens de sebos. Talvez o extremo mais elevado do mercado, que eu nunca pude me dar ao luxo de frequentar, sobreviverá, pois livros muito raros e bonitos podem continuar a existir como espécies de troféus para os muito ricos, como são os quadros, digamos, de Van Gogh. Mas os níveis mais baixos e intermediários desse negócio, pelo menos tal como é realizado em lojas, estão praticamente desaparecendo. Os comerciantes que permanecem nesses níveis fazem o seu negócio cada vez mais de suas casas por meio da internet, sem as despesas e outros inconvenientes das lojas.

A internet salva e ao mesmo tempo destrói o negócio. É a Shiva da venda de livros. Um site da internet, por exemplo, alega que já colocou mais de 100 milhões de livros nele. É sem dúvida uma maravilha, por exemplo, para um amigo do pesquisador que precisa de um determinado volume e nenhum outro. Antigamente... quando foi isso, há cinco, dez ou quinze anos? A velocidade da mudança é tão rápida que temos dificuldade de lembrar como era a nossa vida até mesmo um vigésimo da nossa existência atrás – era preciso confiar na sorte para encontrá-lo, e era necessário procurá-lo em vão durante anos, ou com a ajuda de um "caçador de livros", uma pessoa que conhecesse todas as livrarias e com grandes possibilidades de ter um exemplar. Essa profissão agora é tão desnecessária, embora talvez nunca fosse tão divertida, quanto a de caçador de bruxas, pois acabou numa consumação menos gratificante para o sadismo latente do ser humano.

É possível "dar uma olhada" nos 100 milhões de livros no site da internet mencionado acima. Coloca-se uma palavra ou uma expressão do tema de interesse, e, depois de dois segundos, uma variedade surpreendente de títulos surge, muito além do inimaginável, sobre o assunto. Com outro toque de teclas, é possível obtê-los por autor em ordem alfabética, por preço, do mais alto ao mais baixo, por confiabilidade atestada do livreiro, e assim por diante. Nós nos sentimos intimidados, quase esmagados.

Faz algum tempo, tive a ideia de escrever uma história que envolvesse arsênico no século XIX. Achei que o tema tinha ramificações que suscitavam questões interessantes e importantes da história social. Mas era patente que escrever o livro exigia uma quantidade enorme de informação e estudo; não é o tipo de livro que se redige com base em reflexões sobre experiências de vida. Comecei a acumular um grande volume de títulos pertinentes ao tema do arsênico no século XIX (e mandei inclusive analisar quimicamente um pedaço da capa verde de um livro da época no laboratório toxicológico do hospital onde trabalhava, suspeitando – corretamente – que a sua cor verde se devia a uma tinta de arsênico).

Graças à internet, foi fácil acumular uma biblioteca que tratava de arsênico. Encontrei uma publicação americana dos anos 1870 com páginas de papel de parede que continham uma grande quantidade de arsênico. Fiquei surpreso ao descobrir que esse não era o caso somente de papéis tingidos com o verde de Scheele, mas também muitos papéis cor-de-rosa, azuis e amarelos. O século XIX foi certamente a era do arsênico (a terra ao redor das antigas minas da English Arsenic Company, na Cornualha, ainda é desprovida de vegetação, mais de um século depois).

A minha coleção – preparatória para o livro ainda não escrito – limitou-se somente pela profundidade, ou melhor, pelo aspecto raso, do meu bolso. Não tinha meios de comprar tratados portugueses raros do início do século XIX sobre o uso medicinal dos compostos do arsênico, por 5 mil dólares ou mais. De certa forma, lamentei isso, pois quando a mania do colecionador toma conta dele, o desejo é ter uma coleção completa, ou seja (nesse caso), cada livro, cada documento publicado tendo relação com o arsênico, pelo menos em línguas que se pode ler. Mas ao mesmo tempo, mesmo que tivesse dinheiro suficiente para de fato fazer isso, era uma forma curiosamente insatisfatória de colecionar. Seria algo como comprar uma coleção pronta, não teria nada de mim nela. Se eu fosse a uma livraria e encontrasse um setor intitulado "Arsênico no Século XIX", perto, digamos, de "Escritoras", eu me mortificaria, embora comprasse o lote, se pudesse. Além disso, é um simples fato de psicologia humana, ou de psicologia de alguns humanos; uma coisa é um homem gastar 20 milhões de dólares de sua vasta fortuna com um Rembrandt, e outra é encontrar um Rembrandt à venda por 10 dólares numa loja de objetos usados. Este último caso é, nem preciso dizer, (ou talvez eu devesse dizer "seria", dada a improbabilidade de ambos) infinitamente mais satisfatório para mim.

Suponho que seja um pouco como o prazer atenuado que as framboesas me dão, agora que podem ser consumidas o ano inteiro. Na minha infância, eu esperava ansiosamente a época das framboesas, que durava somente umas poucas semanas.

Ainda gosto muito de framboesas, gosto tanto que raramente resisto a elas quando as vejo, o que é algo frequente. Entendo o milagre da organização humana, talvez assistida pela engenharia genética, capaz de trazer frutas silvestres em poucas horas dos campos de framboesas do Chile para a minha mesa a milhares de quilômetros de distância. Mesmo assim, a intensidade do prazer, o êxtase, não está presente. Adaptando ligeiramente as palavras de Henrique V:

> Se durante todo o ano comessem framboesas,
> Festejar seria tão entediante quanto jejuar;
> Mas quando raramente vêm, gostariam que
> Viessem...

Tampouco acho que haveria o mesmo êxtase da infância se eu tivesse que me privar o ano inteiro e somente consumir framboesas colhidas localmente na sua época. O fato de estarem disponíveis e o fato de deliberadamente impor restrições a mim mesmo para recuperar o êxtase seriam suficientes para destruir esse êxtase, pois o tornariam artificial.

Não é só a realização de seus desejos que ele quer, mas o seu anseio é que sejam realizados da maneira certa e não de outra. Isto, é claro, poderia facilmente provocar um retorno infinito de desejos.

De qualquer forma, expliquei por que razão um livro sobre arsênico encontrado numa livraria especializada em livros sobre trens pode me dar muito mais prazer do que encontrar um volume muito mais raro e valioso na internet, mesmo por uma pechincha.

Infelizmente, demorei muito com o meu livro sobre arsênico: alguém o escreveu no meu lugar. O professor James C. Whorton escreveu *The Arsenic Century* [O Século do Arsênico], e é difícil para mim ter que dizer que é excelente.

26. Céu e inferno

É estranho como o desagradável fica fixado na mente de forma muito mais vívida do que o oposto, que é a razão pela qual, suponho, é tão mais fácil para um escritor criar um vilão inesquecível do que um herói memorável. Infelizmente, o bem é menos interessante do que o mal, talvez porque seja menos variado, como o Céu é menos interessante do que o Inferno. Uma vez, quando fui a uma ilha nos Mares do Sul, entrei numa igreja construída por missionários que haviam instilado o sentido de pecado no que costumavam chamar de nativos. À esquerda do altar (onde a congregação sentava) havia um mural do Inferno; à direita, um do Céu. O primeiro era muito animado; pequenos demônios negros com olhos vermelhos ferviam os condenados nus em imensos caldeirões, espetando-os com seus tridentes para ver se já estavam cozidos (nunca ficariam, é claro). O Céu, ao contrário, era entediante; um homem com um chapéu Panamá caminhando na esplanada do que parecia demasiadamente uma cidade inglesa à beira-mar numa tarde de domingo, por volta de 1952.

Por que o Homem pode imaginar com tanta facilidade o Inferno, mas não o Céu? Se me pedissem que eu imaginasse o Inferno, eu poderia pensar em cem infernos plausíveis em dez minutos; mas o Céu eu não poderia nem começar a descrever. "Comendo patê de *foie gras* ao som de trompetas", disse o reverendo Sydney Smith; mas logo passaríamos mal, sem falar do zumbido.

Mais tarde ouvi um rumor a respeito de um dos livreiros mencionados anteriormente segundo o qual ele havia batido no seu assistente já idoso, que sem dúvida dava a impressão de ter medo dele. Não sei se o rumor era verdadeiro – provavelmente não –, mesmo assim o meu desejo de que não fosse verdade não era inequívoco. O idoso era muito agradável, certamente muito mais simpático do que o seu patrão, e eu não desejava a ele nenhum mal ou infelicidade. Contudo esse pensamento me ocorreu – e não me deixou –, que embora qualquer pessoa má tenha que ser abominada e recriminada, nós necessitamos dela para saber como é o bem. Como disse Durkheim, precisávamos do crime e dos criminosos para que a solidariedade social pudesse se manifestar pela maioria não criminosa.

Entretanto, parei de frequentar a livraria, para o caso de o rumor ser verdadeiro. A minha bibliomania, fico feliz em dizer, tem – pelo menos até o momento – seus limites.

27. Caça de escalpos

Houve um tempo em que eu não comprava um livro que tivesse anotações. Um livro com anotações era para mim o que um queijo não pasteurizado é para os norte-americanos: impuro e contaminado. Vinte anos atrás, porém, na época em que naturezas-mortas para mim eram o meu gênero de pintura favorito (tendo até então menosprezado o gênero), e a música de câmara começou a impregnar muita música de orquestra, em particular do século XIX, com fanfarronices, comecei a ver não os méritos, mas o grande interesse das anotações em livros. Cheguei à fase em que até compro um livro por causa de suas anotações mais do que por ele mesmo. Só no outro dia, por exemplo, comprei em Dublin um exemplar de *Solitude Considered, with Respect to its Influence upon the Mind and Heart* [Considerações sobre a Solitude, com Referência a sua Influência sobre a Mente e o Coração], de Johann Georg Zimmermann, impresso em 1824, simplesmente pela dedicatória (na verdade, tenho um outro exemplar, anterior, com um título ainda mais retumbante, *Solitude; or, the effects of occasional retirement on: the mind, the heart, general society, in exile, in old age, and on the bed of death. in which the question is considered, whether it is easier to live virtuously in society or in solitude. to which are added, the life of the author, notes historical and explanatory by the translator* [Solitude, ou os efeitos do recolhimento esporádico sobre a mente, o coração, a sociedade em geral, no exílio, na velhice e no leito de morte. Em que se considera a questão: é mais fácil viver virtuosamente em sociedade ou em solitude? À qual acrescentamos a vida do autor, notas históricas e explicativas redigidas pelo tradutor].

Zimmermann era médico, um homem famoso na sua época, que escreveu não só sobre solidão, mas também sobre disenteria bacteriana. Suíço, foi designado a trabalhar como médico de George III, mas somente em Hanover; Catarina, a Grande, queria que ele fosse para Petersburgo, mas ele se recusou a ir, provavelmente por sensatez. Ele era médico de Frederico, o Grande, durante a sua última doença, escreveu a biografia do seu mestre real que em geral é vista como imprecisa e movida por interesse próprio, e depois ele enlouqueceu, e morreu em 1795. Acho justo dizer que ele não é muito lembrado agora, mas o seu livro *Solitude* está cheio de visões interessantes. Ele diz, por exemplo, que há homens solitários "para os quais até mesmo as visitas de amigos são desagradáveis", e "que, para evitar relações dolorosas, ficam eternamente confinados em casa, e passam suas horas escrevendo livros ou matando moscas". Não sei muito bem se essas alternativas pretendem ser categóricas ou mensuráveis: se aqueles que não escrevem livros matam moscas, e *vice-versa*, ou se aqueles que escrevem livros se tornam aos poucos assassinos de moscas, nesse caso seria interessante saber quais são os estágios intermediários, nos dois caminhos. De qualquer forma, fico por enquanto no extremo do espectro do escritor de livros, embora a idade possa me levar na direção das moscas.

A dedicatória no livro, de 25 de setembro de 1961, é a seguinte:

> Para Anne como recordação da nossa sessão de caça aos livros e da noite passada quando ri como nunca.
> Com meus melhores votos e boa sorte sempre de sua amiga louca por livros,
> Mary,

O texto é jovem e vigoroso, eu diria, de uma mulher perto dos 35 ou 40 anos (é improvável que alguém mais jovem escrevesse uma dedicatória assim) – e, portanto, é muito provável que esteja morta. Certamente, terei morrido há muito quando o mesmo período de tempo do entre agora e "a noite passada quando ri como nunca" tiver passado.

Evidentemente, há ainda muitos bibliômanos que insistem que os livros devem se encontrar nas condições originais, intocados pela caneta humana, muito menos com manchas de café deixadas por xícaras ou canecas. Uma dedicatória do proprietário, a não ser que este seja suficientemente famoso para transformar o livro num *exemplar de associação*, por mais limpo, por mais bem escrito que seja o texto, certamente tornará o livro menos valioso do que seria – pelo menos tendo menos de um século. Isso sugere que os que aderem à versão intocada são muito numerosos, de fato (ou mais ricos, talvez) do que pessoas como eu. E há muitos colecionadores que têm mais interesse em livros pelos segredos de sua impressão ou encadernação ou por alguma questão semelhante, e que ficam extasiados por causa da ausência de uma vírgula na linha 27 da página 345 depois da palavra *however* (nitidamente um erro de impressão), do que em qualquer coisa relativa mesmo de forma tangencial ao seu conteúdo. Eles me lembram aqueles primeiros entusiastas dos aparelhos de som de alta fidelidade, ficavam tão apaixonados pelas especificações técnicas do aparelho que deixavam de ouvir música neles. Ou, usando a famosa metáfora de Sir Karl Popper sobre o seu oponente, Ludwig Wittgenstein: ficam tão ocupados polindo os seus óculos que nunca pensam em olhar através deles.

Bibliômanos podem de fato ser muito estranhos – até mais do que eu. Como o reverendo Charles Frognall Dibdin, no seu livro famoso mas impossível de ser lido *The Bibliomania; or, Book-Madness; Containing some Account of the History, Symptoms, and Cure of this Fatal Disease, in an Epistle Addressed to Richard Heber, Esq.* [Bibliomania, ou a loucura por livros: contendo registros do histórico, sintomas e cura desta doença fatal, numa carta a Richard Heber], que passou de uma primeira edição em 1809 de 87 páginas para uma segunda, dois anos mais tarde, em 1811, de 782 páginas, provavelmente a expansão mais rápida de uma edição subsequente de qualquer livro na história da publicação (ou, neste caso, autopublicação), e em si mesmo um sintoma colateral dessa "doença fatal".

O livro *The Bibliomania* de Dibdin foi uma reação a um poema, também intitulado *The Bibliomania, an Epistle Addressed to Richard Heber, Esq.* [Bibliomania: Uma carta a Richard Heber], de John Ferriar. Ferriar era médico da

Manchester Infirmary; foi um dos primeiros a chamar a atenção sobre as terríveis condições de vida da classe trabalhadora industrial e a ligar essas condições numa relação de causa e efeito com as doenças epidêmicas às quais as pessoas eram suscetíveis. Ele escreveu sobre outros temas de medicina, tal como alucinações, mas era também um conhecedor de literatura, editando, por exemplo, as peças de Philip Massinger. O seu poema começa da seguinte forma:

> Que desejos selvagens, que tormentos inquietos acometem
> O homem infeliz, que tem a doença do livro...

E de fato não se pode deixar de sentir que Richard Heber, Esq, para quem se destinavam as epístolas tanto de Ferriar quanto de Dibdin, era um homem infeliz. Rico e independente, perambulou pela Europa em busca de volumes raros; surpreendentemente, ele era fascinado por livros publicados no México; na época da sua morte, havia acumulado entre 127.500 (estimativa de Dibdin) e 160.000 volumes, armazenados em diversos lugares, incluindo as suas cinco casas. A sua vida pessoal limitava-se à sua paixão por livros, a vulgaridade sexual pairava sobre ele, e seu fim foi triste:

> Ele morreu em Pimlico, no meio de sua extraordinária propriedade, *sem um amigo para fechar os seus olhos*, e a partir de tudo que já ouvi, sou levado a acreditar que morreu infeliz: ele estava adoentado havia algum tempo, mas não se cuidou, e de fato parece ter buscado a morte. Mesmo assim a sua paixão predominante ficou forte até o fim. Na manhã em que morreu, escreveu algumas mensagens para Thorpe sobre os livros que queria que fossem comprados para ele.

A sua biblioteca (se é assim que se deve descrever) foi vendida depois da sua morte e espalhada aos quatro ventos; vendida a um montante equivalente hoje a 2 milhões de libras, menos do que pagou por ela. A saber: é melhor morrer, como ele, ainda controlado por uma busca completamente fútil, ou morrer com o espírito tranquilo, depois de ter passado a paixão?

* * *

Sinto-me incapaz de decidir. Devemos ficar até o fim cegos à realidade existencial por causa da nossa paixão, ou deveríamos enfrentar a verdade sobre as nossas vidas, sem medo e sem ilusões? Seja qual for a resposta, há sem dúvida algo muito melancólico sobre tanto entusiasmo, excitação, emoção e, sem dúvida, tanta erudição excêntrica, que desaparecem sem deixar vestígios – salvo, talvez, as duas epístolas, elas mesmas não conhecidas exceto por pessoas que são um pouco como Richard Heber, Esq.

Dibdin, com seu estilo rococó, para dizer o mínimo, com efeito chamou comparativamente menos atenção na sua primeira edição para algumas das peculiaridades dos colecionadores de livros do que para o equivalente bibliográfico, o de perversões sexuais. Entre os meus favoritos está o colecionador de volumes *sem cortes*, ou seja, os volumes cujas páginas devem ser abertas pelo comprador para ter acesso ao conteúdo. É um fato curioso do universo da venda de livros: um volume sem cortes em geral é mais caro (considerando a lei da oferta e da procura) e mais desejável para os compradores do que um equivalente aberto. Isso é de fato estranho; nenhum comprador de carro, por exemplo, preferiria um veículo sem portas.

A preferência por livros sem cortes, portanto que não podem ser lidos, não é de forma alguma uma novidade. Li recentemente um pequeno volume de ensaios relativos à bibliomania intitulado *Books and Book Collectors* [Livros e Colecionadores de Livros], de John Carter, publicado em 1956. Carter foi um ilustre bibliógrafo e livreiro, sua realização mais importante talvez tenha sido a revelação do maior bibliófilo britânico e colecionador da sua época, Thomas J. Wise, como falsificador e trapaceiro que montou, imprimiu e vendeu muitos livros supostamente raros para os seus clientes crédulos, vendendo-os como verdadeiras primeiras edições até então desconhecidas. (Agora, elas são procuradas por si mesmas, visto que uma boa falsificação vale ouro, embora nunca tenha o mesmo valor, é claro, do artigo autêntico. Por que as falsificações teriam que valer menos, visto que são reconhecidas como tais somente através de uma análise muito minuciosa – Carter fez uma análise química da tinta e do papel de Wise, por exemplo, na revelação que fez dele – é uma questão demasiadamente distante do suposto tema deste livro e, para dizer a verdade, extremamente difícil no plano filosófico para tratar aqui.) Wise era não somente um falsificador e trapaceiro, mas um ladrão também: ele tirou páginas de volumes raros da biblioteca do British Museum e as colocou em volumes muito raros que eram dele. Morreu rico, mas começou pobre.

Seja como for, John Carter tem um ensaio no livro que mencionei que se chama "Two Beckford Collections". Nesse texto, ele compara e contrasta dois bibliômanos americanos (a distinção entre "filia" e "mania" é sutil) cujo "tema" da coleção era William Beckford, construtor de Fonthill e autor do romance gótico *Vathec*. Ninguém reivindicaria para ele um lugar muito importante na história da literatura (a propósito, ele escreveu *Vathek* em francês, não em inglês), mas dois americanos, Rowland Burdon-Muller e James T. Babb, fizeram de cada livro, cada documento, de sua autoria ou relativo a ele, objeto de sua aquisição. "Beckford", diz Carter, "inspira uma devoção especial naqueles que o colecionam"; ao que temos vontade de acrescentar: bem, ele inspiraria, não é?

Contudo, os dois colecionadores tinham abordagens levemente diferentes. Babb era, se posso me expressar nesses termos, um glutão, enquanto Burdon-Muller era um *gourmet*. O primeiro acrescentaria qualquer coisa que fosse relevante à sua coleção, o último insistia na qualidade sutil dos itens para que fizessem parte da sua. Carter diz a respeito de Burdon-Muller que:

> [...] ele não deixava que a ausência, digamos, de uma reimpressão muito limitada de Paris de 1819 de *Vathek* o deixasse acordado à noite, por mais rara que fosse.

Como prova da excelente qualidade dos itens da coleção de Burdon-Miller, lemos:

> O seu primeiro *Vathek* (1786) inglês encadernado, não cortado, é bom... O seu primeiro livro de Beckford, *Biographical Memoirs of Extraordinary Painters* (1780), tem a encadernação marmoreada original, contracapa de couro, não cortado; o seu primeiro *Vathek* de Paris (1787) tampouco está cortado...

Como seria vulgar e grosseiro cortar as páginas e ler o livro! Pobre Burdon-Muller! Somos obrigados a vê-lo como um homem de 47 anos, sexualmente frustrado, funcionário de um escritório municipal, que sonha em ter relações sexuais com a modelo mais famosa de sua época. Como a impressão de *Vathek* devia ser bonita e nova, se pelo menos ele pudesse vê-la! Mesmo que a edição limitada de Paris de 1819 não o deixasse acordado, tenho certeza de que o primeiro *Vathek* inglês (1786) e o primeiro *Vathek* (1787) de Paris o deixaram.

Vathek é um livro superficial num gênero superficial; mas as pessoas colecionam qualquer coisa. Citei os senhores Babb e Burdon-Muller somente para chamar a atenção para o fato de que, embora eu possa parecer estranho na minha relação com livros, há, e não há dúvida de que há, muitas pessoas ainda mais estranhas; sou, na verdade, comparativamente, sadio, no sentido de não ser um colecionador de qualquer coisa, sou antes um simples acumulador, disposto, contudo, a pagar por uma bela edição mais do que vale, ou por um livro que Carter chamaria de "fora do tema". Como não tenho um tema específico, todos os meus livros são de fato "fora do tema".

Não posso deixar de citar novamente Carter, no seu ensaio sobre livros fora do tema. Ele ilustra o que quer dizer com "fora do tema" referindo-se a colecionadores das obras do capitão Mayne Reid, o escritor do século XIX de livros de aventura, tais como *The Rifle Rangers* e *The Scalp Hunters*. Reid também escreveu, em 1860, um livro sobre *croquet*,[1] muito difícil de ser conseguido por seus colecionadores por causa da competição entre os colecionadores de livros sobre esse jogo.

Qualquer um que já jogou *croquet* sabe que, embora as aparências enganem, não é muito diferente da caça de escalpos. Na verdade, é a melhor sublimação da maldade humana já imaginada. Mas os jogadores não são nada comparados com os colecionadores de livros a esse respeito, sobre quem Carter diz: "Podem não ser numerosos mas são sem dúvida pessoas inflexíveis e fanáticas".

---
[1] Croquet: jogo praticado com bolas de madeira impulsionadas por tacos que devem passar por pequenos arcos fincados na grama. (N. T.)

28. Falsas economias

Devo relatar somente a conversa que tive sobre livros de valor com um jovem holandês amigo meu, enquanto eu o levava para a estação (ele perdeu o trem). Ao escrever a sua tese sobre filosofia política, ele ainda era muito jovem para ser influenciado por outros nas suas opiniões, inclusive a minha; ele ainda não sofria daquela doença quase universal de velhos intelectuais (como eu), ou seja, de inflexibilidade dos conceitos.

Ele tinha chegado através de seu próprio raciocínio à conclusão de que o culto da autenticidade na arte era um engano, falso, e em si mesmo inautêntico. Por que um quadro deveria valer vinte vezes mais quando é atribuído a Rembrandt do que ao ser atribuído a um membro do seu estúdio? Afinal, é o mesmo objeto físico, tão bonito (ou não) num caso como no outro; além disso, de forma tão precisa que é necessário muito esforço para distingui-los; por que, então, deveríamos venerar o original? O que importa – do ponto de vista do julgamento estético, portanto, de valor *sub specie aeternitatis* – se o palácio de Versailles que se visita é aquele por onde de fato Luís XIV passou, ou uma réplica perfeita construída na China ou em Wyoming?

Esse é o argumento de um jovem, é claro, do tipo que eu admirava antigamente. Lembrei-me do que Sir Leslie Stephen disse num ensaio sobre Swift, que os jovens acham que o mundo pode ser refeito de uma forma racional, e acham que é racional o que está de acordo com as suas crenças.

Mas, como acontece, o jovem também tinha encontrado por acaso um filósofo famoso – um homem muito mais famoso do que eu – que tinha orgulho do fato de ter uma biblioteca muito extensa que só continha edições baratas: porque, ele disse, é o conteúdo dos livros que importa, não algo externo a eles, tal como a edição, a encadernação, a origem, a assinatura na folha de rosto, etc. E o meu jovem amigo concordava com ele.

De fato, ele tinha discutido o assunto com a família dele, e expôs com entusiasmo a opinião de que nada importava num livro, somente o seu conteúdo. Esse era um tema pelo qual a família se interessava, visto que, entre outros bens, eles possuíam a primeira edição do livro de Darwin (a *Origem das Espécies*, é claro), e de Malthus também, cujas opiniões sobre a população deram um grande impulso à teoria de Darwin. Ele não tinha interesse em herdá-los, pois não valiam mais do que (digamos) uma versão de capa mole barata dos mesmos livros.

Eu disse que achava que era uma pena – para ele – visto que um bom exemplar de Darwin pode ser vendido por aproximadamente cem mil libras, e o de Malthus por vários milhares. De qualquer forma, eu achei que a questão exigia uma análise um pouco mais detalhada.

Façamos, sugeri, uma pequena experiência de reflexão. Suponhamos que a biblioteca tenha tanto uma primeira edição de Darwin quanto um exemplar de capa mole barato, e há um incêndio. Você tem tempo de salvar um, somente um, desses exemplares; é realmente uma questão de completa indiferença em relação a que livro você deve salvar? Certamente, muitas pessoas diriam que não; e suspeitaríamos daqueles que dissessem que não lhes importava nem que se tratava de interesses materiais. Mas, se aceitarmos que a coisa certa a fazer nessas circunstâncias seria salvar a primeira edição, conclui-se que as duas edições não podem ter exatamente o mesmo valor, mesmo pensando que o preço de mercado da primeira edição está grosseira ou absurdamente inchado.

Pode-se retorquir que a razão que nos faz escolher salvar a primeira edição é justamente porque é mais valiosa, como uma simples questão econômica bruta, aprovando-as ou não, e deveríamos querer preservar o valor econômico do conteúdo da biblioteca até onde for possível. Mas isso tampouco funciona. Pois se também pensarmos que a biblioteca não pode dispor dos seus livros por cláusula contratual – não que as bibliotecas hoje se sintam ligadas a coisas desse tipo –, o valor econômico superior da primeira edição não tem utilidade. Na verdade, não é de valor econômico maior para a biblioteca, e pode até mesmo ser de valor menor, ou de qualquer forma de maior responsabilidade, visto que a versão em capa mole ocupará menos espaço, não precisará de proteção especial, etc. Certamente, também seria mais barato substituí-la se fosse danificada. Apesar disso, as pessoas salvariam de preferência a primeira edição em vez da de capa mole.

Isto sugere que o valor intrínseco dos dois volumes não é em absoluto o mesmo, por mais inchado que nos pareça o valor monetário de um deles. E o que é verdade em relação à primeira edição também é válido para livros que são assinados, dedicados ou que já pertenceram a uma figura histórica. Um racionalista de livros também pode alegar que um manuscrito não vale a pena ser preservado porque o seu conteúdo pode ser lido de maneira mais conveniente num formato diferente.

Meu amigo jovem disse que desconfiava da mania por exemplares assinados ou com dedicatórias, ou por livros que pertencessem a homens famosos, pela impureza dos motivos por trás disso, uma impureza que inclui o elemento da especulação financeira (o valor monetário nunca está mais do que umas poucas perguntas distante nas mentes dos bibliômanos, como está nas mentes dos colecionadores de outras coisas, por mais refinados que queiram parecer). Ele fez uma exceção no caso de livros que tinham sido dedicados a ele pessoalmente, pois tinham evidentemente uma ligação direta com ele, com um poder correspondente de evocar lembranças do autor. Mas isso, eu disse, tampouco era totalmente racional, segundo o seu próprio estilo de argumentação; pois não resta dúvida de que se as suas lembranças tivessem um verdadeiro significado para ele, não precisariam da *madeleine*[1] de uma assinatura.

---

[1] Trata-se da "madeleine" de Proust, capaz de trazer à consciência todo o passado do narrador de *No Caminho de Swann*. (N. T.)

O desejo de recordações é civilizado e civilizador. Não é somente um reconhecimento da fugacidade do tempo, mas da importância do passado na vida de um homem (usando a palavra homem no sentido amplo, addisoniano). Não resta dúvida de que a aquisição de recordações, relíquias e assim por diante pode se tornar patológica, assim como qualquer outra tendência do homem. A insistência na aquisição de edições modernas baratas em detrimento das antigas com base na ideia de que o conteúdo é exatamente o mesmo, consequentemente elas têm o mesmo valor, é para sugerir que os nossos objetivos do momento presente são tudo o que conta na vida: um meio poderoso de privar a vida de qualquer possibilidade de transcendência.

29. Pedantes engomados

Entre os inimigos dos livros não mencionados por William Blades em sua obra *The Enemies of Books* [Inimigos dos Livros], porque não tinha sido inventada quando ele escreveu, temos a caneta esferográfica. É impossível escrever num livro de forma elegante com um instrumento desse tipo sem destruir toda a beleza que tiver como objeto físico. Nenhuma letra em caneta esferográfica será bonita, por mais velha que seja: está para a caligrafia assim como o concreto para a arquitetura, no sentido de que não pode envelhecer bem e sempre será feia. E eu percebi, na maneira de os homens perceberem essas coisas a partir da insatisfação da velhice, que, desde a introdução e a disseminação dessa invenção medonha, a letra de quase todo o mundo piorou. Basta comparar as inscrições de nomes em livros antes e depois de 1960 (digamos) para ver que é assim. Se o esforço necessário para ter uma letra elegante é válido numa época em que a capacidade de escrever é mais importante do que a de digitar é uma outra questão, é claro. E essa questão não está muito distante das mais profundas da existência humana: devemos aprender as coisas somente pelo seu lado mais utilitário, ou pelo que são, e se for este último caso, em que proporção do nosso tempo em educação?

Contudo, com o propósito de estudar as marcas produzidas em livros, devemos eliminar a nossa aversão pela forma, para apreciar o conteúdo.

Há vários tipos de anotações. Uma é a do pedante, um tipo que se presta a ser dividido em dois subgêneros. Há o pedante que efetivamente faz revisões de livros, com olhos de lince em busca de erros de impressão, e aquele que fica caçando erros de fatos, como uma data errada. Hoje certamente diagnosticaríamos o primeiro como alguém com muito em comum com o bibliômano, que tem prazer nas menores variações de edições, encadernações e coisas do gênero, levemente autista ou com a síndrome de Asperger – porque toda característica humana deve encontrar o seu diagnóstico correspondente médico. Preocupar-se com trivialidades é, certamente, um meio de afastar ansiedades mais profundas. Como o ditado camponês romeno diz: todo o vilarejo está pegando fogo, mas a Avó quer acabar de pentear o cabelo.

Um bom exemplo do primeiro tipo do pedante é aquele que marcou (a lápis, o que quando eu era jovem eu teria apagado, mas agora prefiro preservar) erros de impressão no meu exemplar da famosa introdução do Dr. Ernest Jones para a sua edição de *Hamlet*: aquela em que, surpresa, ele explica a hesitação de Hamlet em matar Cláudio, referindo-se ao seu caso excepcionalmente sério de complexo de Édipo. Contudo, a verdade da sua teoria não foi o que levou o proprietário a fazer anotações no ensaio; foram os erros de impressão, por exemplo, o "c" que falta em "*can*", em "*before it an be present to consciousness*". A letra que está faltando aparece discretamente na margem, como a palavra *order* na margem perto da linha em que as palavras "*in other therefore*" estão impressas.

Supondo que o autor dos comentários não fosse o editor examinando uma segunda edição, o homem que fez isso pertencia sem dúvida a uma determinada categoria. Os erros de impressão, afinal, não chegavam a tornar o significado das frases opaco, e lembrei-me de um professor de geografia quando eu tinha 11 anos, que desenhou um triângulo no quadro com o giz. Ele escreveu as seguintes palavras nele:

em

Paris

na primavera

e pediu que a classe escrevesse o que estava escrito no triângulo.

Em seguida, pediu a todos aqueles que tinham escrito, como eu, "Paris na primavera", que levantassem a mão. Alguns alunos e eu levantamos.

"Vocês não entenderam direito", ele disse, e nos mortificamos por um pequeno lapso de tempo. (O nome do professor era Dawson e ele não tinha um dente da frente, e através dessa falha ele sibilava. Foi só mais tarde, quando eu já era médico, que me dei conta de que a falta de um dente da frente em geral resultava de briga de bêbado.) Entretanto, a nossa mortificação não durou muito tempo, pois ele acrescentou rapidamente: "Vocês são mais inteligentes". E explicou como a inteligência poderia levar ao erro. Talvez o objetivo fosse uma iniciação sutil ao fato extremamente necessário de saber que, quando se tratava da psique humana, nem tudo era lógico como parecia. Mas isso me deu um certo orgulho do qual eu nunca me recuperei realmente.

O pedante dos fatos – o equivalente ao caráter pedante da *noblesse d'épée* – é aquele anotador de livros comum demais para precisar de exemplo ilustrativo. Os seus pontos de interrogação e de exclamação nas margens opostas de um erro soam como um bufar de indignação satisfeita praticamente audível (a professora Jackson, em sua *Marginalia*, observa que ninguém coloca mais do que cinco pontos de exclamação enfileirados). Ele terá prazer em corrigir no corpo do texto uma data que está errada somente por um dia, ou uma estatística que, segundo ele, está errada por uma fração. E isso, é claro, suscita a questão interessante dos prazeres do pedante.

O pedante não se deleita em encontrar erros porque é um amante da verdade; ele tem prazer em encontrar o erro para provar a sua superioridade em relação àquele que o fez. O amor do poder tem, portanto, mais coisas em comum com o pedantismo do que o amor da verdade; o pedante é um aspirante a ditador que não ousa deixar a sua biblioteca.

A honestidade me leva a admitir que estou longe de ficar imune ao pedantismo. Também conheci as alegrias das implicâncias com detalhes. Durante catorze anos fiz crítica de livro quinzenalmente para um jornal de domingo conhecido (até que um novo editor decidiu que as páginas de livros precisavam de mais críticas feitas por celebridades, de livros a respeito de celebridades, escritos por celebridades, de acordo com o nosso novo exercício de democracia: o governo da celebridade, pela celebridade, para a celebridade). Tive que controlar a minha tendência natural a aplicar, por pura maldade, a velha máxima da justiça usada para desacreditar testemunhas, *falsus in uno, falsus in omnibus*: falso em uma coisa, falso em todas. Como é prazeroso pegar o erro de um especialista ou estudioso (em particular quando é grosseiro) a partir do nosso próprio estoque de conhecimento comum; e como é fácil insinuar que, se ele é capaz de cometer um erro desse tipo, a obra de toda a sua vida deve ter pouco valor. Essa é uma complacência agradável, como em tantos prazeres, infelizmente, que deve ser controlada com rigor, quando não imediatamente suprimida: mantida, como tantas fantasias sexuais, nos limites da mente. Dessa maneira, tentei controlar a minha tendência a fazer as minhas críticas com listas de erros que eu tivera muito prazer de encontrar, a não ser que fossem erros desonestos, a meu ver. O pedantismo é um vício que não é mais fácil, nem menos necessário do que outros, de ser controlado.

30. Pensamento mágico

As anotações mais frequentes encontradas em livros são palavras sublinhadas e linhas verticais na margem do texto. Com caneta esferográfica, são particularmente horríveis, o equivalente a uma cicatriz na face em decorrência de uma facada. Marcam, mas de forma grosseira, o outro lado da página. O proprietário anterior do meu exemplar do ensaio sobre Coleridge, de John Stuart Mill, um homem que frequentou a universidade em 1955 e que não vou identificar, pois ainda pode estar vivo, mudou no meio da sua leitura (e de suas anotações) de caneta-tinteiro para esferográfica. Talvez isso estabeleça a data em que as canetas-tinteiro deram lugar às esferográficas; e o efeito estético foi desastroso.

Piores do que os escritorezinhos com esferográficas são aqueles que usam em seus textos marcadores de cor fosforescente, em geral um amarelo fraco ou um rosa-choque. Vi uma vez num trem na Alemanha, horrorizado, como uma mulher (culta, pelo livro que tinha) marcava o texto impresso de um livro com uma caneta rosa, uma linha depois da outra, uma página depois da outra. Primeiramente, quis dizer a ela que parasse, mas não falo alemão; depois, quis estrangular a mulher. O livro era algo insignificante relativo à política contemporânea, mas — adaptando ligeiramente as famosas palavras de Heiden — aqueles que deformam os livros mais cedo ou mais tarde deformarão ou pelo menos aceitarão a deformação de muito mais.

A psicologia do ato de sublinhar é interessante. Parece que muitas das pessoas que sublinham não vão além do primeiro ou do segundo capítulo: sublinhar é em geral uma atitude que denota mais entusiasmo no início do que no fim dos livros. Isso ocorre provavelmente porque a maioria dos livros são longos demais, e já dizem o que vão dizer nas duas ou três primeiras páginas; ou talvez sublinhar seja um trabalho difícil, e as pessoas que o fazem têm falta de estamina ou de poderes de concentração.

Como os pedantes, há dois tipos principais de pessoas que sublinham: aquelas que sublinham uma palavra, ou uma frase no máximo, e aquelas que sublinham passagens inteiras. A primeira categoria eu entendo, a última não. O primeiro método pode ser um auxiliar útil da memória, chamar a atenção para algo específico que se pode procurar mais tarde, algum tempo depois da leitura do livro. Agora, eu uso esse método, pelo menos com edições baratas, embora na minha juventude e no começo da minha vida adulta isso praticamente não fosse necessário para mim, visto que eu podia ir para a página e o parágrafo de que eu precisava – mesmo muitos anos mais tarde – depois da busca mais superficial. Eu não tinha uma memória fotográfica, mas uma que funcionava de outra maneira e que me permitia agir assim. A idade, infelizmente, reduziu essa faculdade.

Mas o objetivo de sublinhar passagens inteiras de texto é desconcertante para mim. Acho que é uma forma de pensamento mágico, semelhante àquele do estudante relutante que leva consigo o livro para todos os lugares, mas nunca o lê, esperando que o seu conteúdo de alguma forma entre nele, como se livros fossem linimentos para artrite. Eu me deparei com um exemplo notório de passagens inteiras sublinhadas quando comprei Conrad's Western World [O Mundo Ocidental de Conrad], de Norman Sherry, que tinha sido de um especialista em Conrad, Bruce E. Teets.

O pouco que sei da vida do professor Teets me enche de uma tristeza profunda, vaga e ilógica. Ele nasceu em 1914 e morreu em 1997. Era professor de literatura na Central Washington University e coautor do livro de 671 páginas Joseph Conrad: An Annotated Bibliography of Writings about Him [Joseph Conrad: Uma Bibliografia Comentada dos Escritos sobre Ele], de 1971 (no mesmo ano em que Conrad's Western World foi publicado). Tenho certeza de que ele era inteligente, consciencioso, cuidadoso e extremamente culto, contudo, mesmo eu, com meu gosto pelo enigmático, só experimento um sentimento de futilidade, que toma conta de mim ao examinar o título do livro. Lembro-me das palavras de Hazlitt a respeito de Shakespeare e daqueles que escreveram sobre ele (como, confesso, foi o que fiz, em momentos de fraqueza):

> Se quisermos conhecer a força do gênio humano, devemos ler Shakespeare. Se quisermos ver a insignificância da aprendizagem humana, devemos estudar aqueles que o comentam.

Ou ainda, do Dr. Johnson:

> Ajustar os pequenos fatos da história literária é entediante e complicado; na realidade não requer uma grande capacidade de entendimento, mas com frequência depende de pesquisas que não se têm a oportunidade de fazer...

O pobre professor Teets não era Conrad; ele não estava fazendo comentários sobre Conrad; nem mesmo estava fazendo comentários sobre os que comentaram Conrad; ele estava simplesmente enumerando as produções destes últimos, uma tarefa imensa, efetivamente hercúlea, em particular antes da internet: e embora eu fique feliz que o mundo seja suficientemente grande e rico para suportar tamanha erudição confusa, mal consigo conceber que um homem pudesse desejar realizar a compilação de uma obra tão obscura. O professor Teets (que nasceu em West Virginia, como uma breve pesquisa na internet me revelou) não tinha o sonho de ser um grande romancista na sua juventude? É verdade, o nome dele – em alemão anglicizado, suponho – ia contra ele; é difícil imaginar um grande romancista, pelo menos em inglês, chamado Teets; mas ele poderia ter usado um pseudônimo.

O professor Teets era uma pessoa que sublinhava ferozmente, e com uma caneta esferográfica. No todo, ele sublinhou 136 páginas, ou seja, mais do que um terço do corpo da obra, e até vinte linhas de uma só vez. É possível que tenha sublinhado um oitavo do texto (não há dúvida de que ele teria adorado calcular a porcentagem exata, como um meio de evitar pensamentos noturnos sobre a insignificância da aprendizagem humana, de qualquer maneira a sua). Não pode ter sublinhado tanto como uma espécie de *auxiliar da memória*, ou para gravar as descobertas do autor na cabeça; acho que ele estava, sobretudo, zangado e frustrado. As poucas palavras que escreveu nas margens eram de profunda irritação: "Por que esses três?", ele pergunta de forma petulante sobre a decisão do professor Sherry de usar três livros de Conrad como referência para suas pesquisas biográficas.

Suponho (mas estou aberto a correções nesse assunto) que o professor Teets tenha ficado bravo com o fato de o livro do professor Sherry e o seu antecessor, *Conrad's Eastern World*, serem especializados e tão interessantes que mesmo alguém que não fosse especialista poderia lê-los com prazer e fascínio. De fato, continuam a ser vendidos desde a sua publicação. A raiva daquele que sublinhava dirigia-se a si mesmo, por não ter realizado nada que fosse comparável: ele só podia recorrer ao pedantismo.

É óbvio que posso estar completamente errado; estou construindo toda uma teoria a partir de anotações feitas com caneta esferográfica num único livro, e do título de outro. Mas é sem dúvida verdade que uma vida de aprendizagem não é necessariamente uma vida de sabedoria. Uma requer inteligência e um grau mínimo de determinação; a outra requer qualidades de caráter muito mais profundas.

31. Autocomplacência

Entre os sublinhadores, há um subgrupo que se utiliza de mais de uma cor. Como outras pessoas que fazem anotações em livros, eles costumam ressaltar palavras que parecem perfeitamente banais para quem não compartilha os seus pensamentos, que não podem ser reconstruídos recorrendo às suas seleções; mas é claro que o vermelho é sempre a cor de ênfase especial.

Tenho um livro que teve entre seus leitores alguém que usava três cores para sublinhar, azul, verde e vermelho, como a bandeira de um país que acabou de se tornar independente. É *The Crime of Punishment* [O Crime da Punição], do Dr. Karl Menninger MD,[1] publicado em 1968. Tem dedicatória do autor para o padre René le Major, OP (Ordem dos Pregadores), Montreal, "com meus melhores cumprimentos, Karl Menninger MD".

Sou o único, eu me pergunto, que acha isso estranho, e não totalmente interessante, que um homem assine o seu nome seguido do seu título universitário? Há autocomplacência nisso, ou pelo menos uma determinação no sentido de não ser ultrapassado em termos de títulos pelo destinatário. Uma coisa é dirigir-se às pessoas usando as suas qualificações; outra é referir-se a si mesmo nos mesmos termos. Percebe-se (talvez injustamente) que MD está sendo usado como suporte do grande princípio

---

[1] *Doctor of Medicine* (Doutor em Medicina). (N. T.)

epistemológico de Bellman em *The Hunting of the Snark* [A Caça ao Snark]: "O que eu lhe digo três vezes é verdade".

É claro, todos nós temos nossas pequenas vaidades, o uso de um título é uma delas. O antigo presidente da Libéria, Samuel Doe, um homem que era tido como semialfabetizado na época do golpe que o levou ao poder, recebeu o título de doutor *honoris causa* da Universidade de Seul como retribuição a algumas concessões de exploração florestal, e depois insistia que tinha que ser chamado de Dr. Doe. Mas não são só os ditadores africanos que têm essa fraqueza. Tenho uma carta do escritor Anthony Burgess, endereçada a um professor eminente, na qual, além de recomendar os próprios livros, ele se autodenomina Dr. Anthony Burgess — por causa dos seus títulos de doutor *honoris causa*. E recentemente, na Irlanda, meus amigos me disseram que bilionários irlandeses que se fizeram por si mesmos e que receberam títulos honorários insistiam em ser chamados de "doutor", embora alguns deles nem tivessem seus diplomas de conclusão escolar. Acho, entretanto, esses exemplos muito mais desagradáveis, pois são mais sintomáticos de uma fraqueza humana normal, do que a assinatura do Dr. Menninger com o seu título.

Não desvendei o código dos sublinhados multicoloridos. Nem mesmo sei se eram os do padre le Major. Por exemplo, a seguinte declaração sublinhada em verde indicava que concordava, discordava, ou simplesmente que era vista como importante? "A lei supõe que os homens sejam responsáveis e sãos."

Independentemente do significado do sublinhado, o Dr. Menninger pensava que a suposição da lei era injustificada e até maléfica, pois levava diretamente à punição, que ele considerava como um vestígio bárbaro do período medieval. Ele era um grande defensor da seguinte linha de raciocínio:

> Homens cometem crimes porque são doentes mentalmente. Sabemos que são doentes mentalmente porque cometem crimes.

Este é um exemplo especial da antiga ideia que diz que ninguém comete um erro deliberadamente. Isso remete à questão de se o Homem é bom por natureza, ou se é um ser imperfeito com uma propensão que se compraz no mal. Acho a opinião do Dr. Menninger a respeito do tema de uma autocomplacência bajuladora, da mesma forma que acharia as minhas primitivas.

A passagem a seguir, tão evocadora da crença na própria superioridade em relação ao entendimento e à compaixão, estava sublinhada em vermelho: uma vez mais, não é possível dizer se ele concorda ou discorda veementemente (embora eu pense que a primeira opção é a verdadeira):

> Suponho que todos os crimes cometidos por todos os criminosos presos não se equiparem em termos de danos sociais totais aos crimes cometidos contra eles [por punição].

Tudo o que posso dizer é que o Dr. Menninger nunca teve a vantagem – a vantagem do ponto de vista de entender a realidade, por assim dizer – de viver nos bairros Tower Hamlets ou Moss Side de hoje. Ele me surpreende como uma figura típica dessa época, o intelectual cujas consequências de sua generosidade de sentimento tiveram que ser assumidas por alguém.

Seja qual for a atitude do sublinhador das opiniões do Dr. Menninger, ele ficou claramente cansado delas, pois parou de sublinhar na página 42.

Não foi a introdução da caneta esferográfica que fez surgir o sublinhado multicolorido dos livros.

32. Autoaperfeiçoamento

Uma vez comprei um livro com anotações sem valor comercial – não era barato, até custava 2,50 libras – simplesmente porque as anotações me agradavam e reconfortavam.

Eu o comprei no mercadinho da cidade onde moro quando estou na Inglaterra. É uma cidade adorável, mencionada uma vez nos textos de Shakespeare, mas espero que seus habitantes não se ofendam se eu disser que a sua cultura literária, pelo menos julgando a partir dos livros que se pode comprar nela, não é profunda nem ampla. Um observador duro ou hipercrítico pode fazer uma crítica ainda mais severa.

Entretanto, numa dessas lojas de caridade que agora são de longe a característica mais peculiar da vida britânica urbana, no sentido de não existirem em nenhum outro lugar do mundo dito civilizado, encontrei, entre os romances descartados de Danielle Steele e autobiografias de escritores-fantasmas de celebridades menos ilustres da televisão que serão em breve, se é que já não foram, esquecidas, um exemplar de *Golden Treasury* [Tesouro Dourado] de Palgrave.

As anotações, a lápis, que me tocaram, eram anotações conscienciosas feitas com uma letra clara e quase infantil (nitidamente não sofisticada), explicando ora referências à mitologia, a termos botânicos obsoletos ou obscuros, ora palavras que ainda não faziam parte do vocabulário do dono.

O livro foi publicado em 1980, portanto as anotações devem ser recentes, pelo menos na escala ou dimensão da minha memória. Suponho, então, que aquele que fez as anotações é mais jovem do que eu; e estudou poesia com mais seriedade, devoção, minúcia, desejo de autoaperfeiçoamento, tolerância de investigação laboriosa, do que consegui, ou, sejamos honestos, nunca conseguirei. Por exemplo, quando li pela primeira vez a estrofe em "Elegy in a Country Church-Yard" de Thomas Gray (um poema que, sem dúvida de uma forma vergonhosamente estereotipada, sempre me vem à mente num cemitério) que diz:

> Um certo Hampden, que com seu peito destemido
> Resistiu ao pequeno tirano de seus campos,
> Um certo Milton calado inglório pode descansar aqui,
> Um certo Cromwell, sem culpa do sangue da sua terra.

Nunca escrevi de forma organizada na margem "JOHN HAMPDEN Membro do Parlamento 1594-1643", tampouco inseri uma tira de papel com o seguinte:

John Hampden

1621. Membro do Parlamento de Grampound, mais tarde de Wendover e depois de Buckinghamshire

1627. Foi preso por recusar-se a pagar uma parte de um empréstimo compulsório

1635. Recusou-se novamente a pagar impostos[1] indevidamente cobrados de cidades do interior. Foi processado

1641. Fez parte da destituição de Stafford

1642. Um dos membros cuja tentativa de prisão por parte do rei deflagrou a Guerra Civil. Liderou um regimento de infantaria – feriu-se em Chalgrove

1643 (acidentalmente escrito 1943). Morreu em Thame

---
[1] No original, "*shipmoney*": imposto cobrado de cidades marítimas inglesas para financiar navios em época de guerra. (N. T.)

A seriedade dos esforços de quem fez as anotações para autoaprimoramento está presente na disposição de anotar palavras que são supostamente conhecidas, por exemplo, a palavra *sofisma* anotada como a *arte do raciocínio plausivelmente enganoso* (uma boa definição). Compare essa honestidade com a minha própria desonestidade em não conseguir – não, recusar-me a – escrever o significado de uma palavra cujo significado eu desconheço num exemplar barato de um livro em francês ou espanhol, embora eu saiba que esse método poderia ajudar a gravar a informação na minha mente, pois não quero que ninguém veja como o meu vocabulário é deficiente nessas línguas. O orgulho compete com o desejo de conhecimento, e vence na luta.

A anotação de *sofisma*, incidentalmente, vem de um verso no poema de Ted Hughes, "Hawk Roosting":

Não há sofisma no meu corpo:
As minhas maneiras estão arrancando cabeças

Nunca confio totalmente em escritores que usam diminutivos dos seus nomes. Duvido que leiamos Bill Thackeray ou Betty Browning; e vejo algo levemente desagradável no neopaganismo de Hughes, que me parece evocador de algo híbrido entre um comício de Nuremberg e uma assembleia de bruxas realizada num campo lamacento.

Mas retornando ao meu anotador da versão atualizada de *Golden Treasury* de Palgrave: reconheço algo moralmente superior a mim, o que sempre é bom para a alma.

33. Decorar o ambiente

Não me considero um bibliômano no sentido de ser uma dessas pessoas que ficam excitadas com a falta de uma vírgula na página 247 de um livro comum, embora entre a escolha de um livro raro e um comum eu prefira o raro; mas sou um bibliômano no sentido usado algumas vezes por Holbrook Jackson no seu livro *Anatomy of Bibliomania* [Anatomia da Bibliomania] (sua terceira edição, não coincidentemente, é de 852 páginas, e o livro é tão digressivo que faz o voo do meu pequeno ensaio parecer direto): sofro dessa paixão por livros de tal maneira que quando estou longe deles, digamos, por mais de três horas no máximo, começo a ficar inquieto e a pensar que estou desperdiçando o meu tempo. Retomarei esse ponto mais tarde.

Não sou um colecionador de livros, sou mais um acumulador. Numa estranha analogia à lei populacional malthusiana, eu, como o livreiro excêntrico que mencionei, leio aritmeticamente, mas compro livros geometricamente. Contudo, nunca compro um livro que não pretendo ler ou de alguma forma consultar, por mais que isso ocorra num futuro distante (embora agora eu não tenha um futuro distante), e é muito curioso como frequentemente preciso de um livro vinte ou até trinta anos depois de tê-lo comprado. É possível que um dia a internet torne inválida esta desculpa patética da minha bilbiomania, mas esse dia ainda não chegou.

Uma pessoa que acumula um monte de livros deve de alguma forma acomodá-los. Naturalmente, há pessoas que têm livros porque enfeitam as estantes (como o título do romance de Anthony Powell diz, *Books Do Furnish a Room* [Livros Mobiliam um Quarto], não se trata de uma nova ideia, pois Holbrook Jackson cita Sydney Smith ao dizer que "não há nenhum móvel que seja tão encantador quanto livros, mesmo que você não os abra ou leia uma palavra sequer", uma máxima que Holbrook diz que frequentemente é colocada em prática). Certa vez quis que um livro fosse encadernado por um encadernador tão habilidoso que merece ser chamado de artista, que só conseguiu satisfazer a minha vontade quando encadernou toda uma biblioteca de livros do século XVIII de um homem que tinha enriquecido muito fazia pouco tempo, e que comprava acessórios culturais por quilo ou tonelada. E para ser honesto, tive a tentação de ordenar os meus livros na estante mais por sua aparência do que por outro princípio um pouco mais erudito, digno de um, por assim dizer, intelectual: uma tentação à qual resisti na maioria das vezes.

Há o sistema de Classificação de Dewey, mas o que é apropriado para uma biblioteca pública enorme que atende um número interminável de pessoas não é apropriado para uma biblioteca pequena e pessoal, cujo conteúdo é conhecido por seu proprietário (embora às vezes ele fique surpreso com um livro que esqueceu que tinha) e que provavelmente tem o tipo de memória que, se foi ele próprio que organizou a sua biblioteca, lhe permitirá colocar a mão, entre uma pequena extensão de livros, no volume desejado.

Se o sistema de Dewey é desnecessário (e obviamente desfigurador se os números de sua classificação ficam inscritos indelevelmente na lombada dos livros), como devemos ordenar os volumes? Pode haver um número bem pequeno de pessoas que não sonharam com a forma "certa" ou "correta", ou seja, ordenar seus exemplares de tal maneira que, uma vez ordenados, nenhuma nova disposição será necessária ou até teoricamente possível. Acreditam que, em algum lugar no reino das formas platônicas, existe a disposição perfeita dos livros, perfeita de todos os pontos de vista, e é essa forma platônica que tentam reproduzir no mundo sublunar dos livros.

Entretanto, quando a quantidade de livros ultrapassa um número muito pequeno, logo se dão conta de que sua busca está condenada ao fracasso, e que, a não ser que queiram ser os equivalentes bibliômanos de Sísifo, vão ter que se virar com uma disposição suficientemente boa, o que quer dizer toleravelmente conveniente para os seus propósitos. Sem dúvida, quando seus propósitos mudam, como acontece com os meus regularmente, acharão que a disposição dos seus livros se tornará menos (raramente mais) conveniente do que antes; mas esta é uma cruz que têm que carregar, a não ser que sempre reorganizem os seus exemplares.

Qual é o tema de um livro, e como ele está associado ao tema de outros livros? Coloco *Madame Bovary* em arsênico, medicina e literatura, ou em literatura francesa (citando só três das seções da minha biblioteca)? Devo colocar *Bubonic Plague in Early Modern Russia* na minha subseção "peste" de doenças epidêmicas (problemas semelhantes, é claro, surgem com *La Peste* de Camus, e um grande número de outras obras de literatura), ou na seção de história da Rússia? Ao colocá-lo numa seção, sofro imediatamente de uma dúvida cruel, que o livro deveria realmente estar, ou de qualquer maneira seria melhor que estivesse, em outra. (Sou, portanto, como a mãe judia que diz, quando o seu filho coloca uma das duas gravatas que ela comprou para ele no seu aniversário: "Qual o problema, você não gosta da outra?". Evidentemente, eu poderia comprar dois exemplares, ou quantos fossem necessários para ter um em cada seção relevante, mas comprar dois exemplares ou mais de *Bubonic Plague in Early Modern Russia* é insano, mesmo pelos altos padrões de insanidade dos bibliômanos.

Uma pessoa que tem um número considerável de livros logo se dá conta de que as possíveis e justificáveis maneiras de ordená-los são praticamente infinitas, e que portanto não há maneira "certa", se maneira certa significa somente maneira certa de ordenar. Mas certo e errado nesse caso não são simétricos, pois não significa que, por não existir a maneira indubitavelmente certa, não pode existir a maneira indubitavelmente errada de fazer as coisas. Na falta de uma memória perfeita para a disposição física dos livros, por exemplo, uma aleatoriedade completa seria um erro: algum tipo de classificação sem dúvida melhora o acesso aos livros, entre outras coisas, restringindo a quantidade de coisas que deve ser lembrada por uma mente sobrecarregada. O mesmo erro é cometido por pessoas que pensam que qualquer proibição é uma restrição de liberdade, por conseguinte injustificável. De fato, a restrição é fundamental para o exercício da liberdade. Da mesma maneira, aqueles que condenam o ensino da gramática, usando a justificativa de que restringe as possibilidades de expressão da criança, enganam-se em relação à natureza do infinito, pois do fato de que algumas coisas não possam ser ditas não se segue que o número de coisas que podem ser ditas não seja infinito. Sei que esse argumento pode reconfortar censores, que poderiam usá-lo para dizer que a proibição de determinadas coisas não significa limitação de liberdade de expressão; acredito que a objeção à censura se encontra em outro lugar, se é que está em algum lugar. (Além disso, há o fato histórico incontestável de que a censura, pelo menos de um determinado tipo, é boa para a literatura e a arte em geral, pois toda grande expressão de arte e de literatura foi produzida em condições de censura. Deve-se somente comparar a literatura de licença completa com a de licença restrita para saber o que acontece. E mesmo assim, onde estão as estátuas públicas e placas comemorativas dos heróis desconhecidos da arte e da literatura, daqueles que possibilitaram grandes realizações, os censores?)

Cada indivíduo que possui livros os ordenará de uma determinada maneira, de acordo com seus próprios caprichos e suas predileções. Conheço muitas pessoas que, quando entram numa casa pela primeira vez, tendem (mesmo controlando-se) a ir diretamente para as estantes para descobrir de que matéria são feitos seus anfitriões: pois o gosto é um guia mais confiável para o caráter do que a opinião. Sou assim: eu me controlo, mas num recinto com um número considerável de livros, sinto uma tensão crescer em mim enquanto não descubro que obras são. De fato, com frequência forjo ou invento uma razão para ir até eles, e examiná-los com o canto dos olhos. É surpreendente, quando se tem contato com livros há muito tempo, é bastante frequente poder reconhecer um título por um pequeno detalhe da aparência da lombada ou da capa.

Quando há um grande número de volumes, uma indicação mais sutil do caráter do dono pode ser identificada por sua disposição: algo que em geral não se tem tempo de fazer. No caso de visitantes da minha biblioteca, talvez seja bom, pois – superficialmente pelo menos – o que a sua disposição pode lhes revelar é capaz de assustá-los.

Do mesmo autor, leia também:

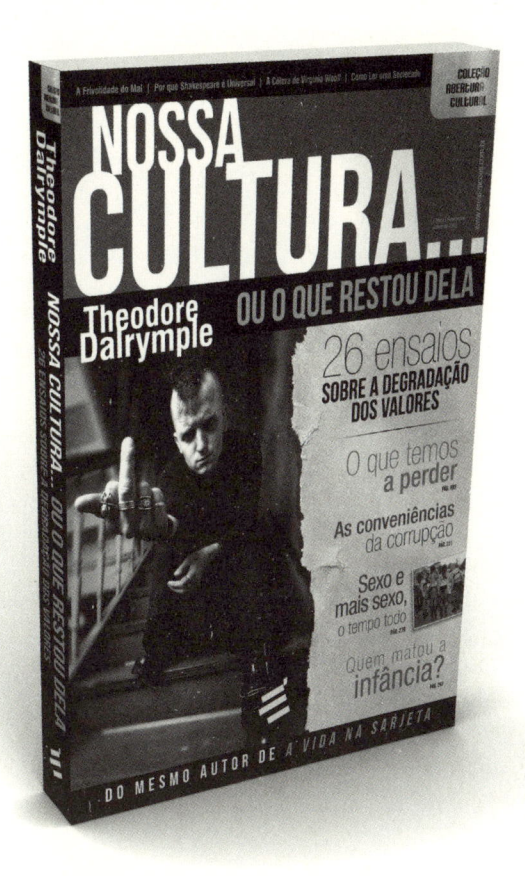

Quem são os formadores de opinião de hoje? Qual a relação entre a cultura pop e o estilo de vida dos jovens da periferia? Como a academia, o cinema, o jornalismo e a televisão têm influenciado os rumos de nossa sociedade? Theodore Dalrymple, com a lucidez que marca sua escrita, mostra como os "formadores de opinião" nem sempre estão certos do destino a que conduzem as massas.

Podres de Mimados trata de um único tema: como o culto do sentimento "tem destruído nossa capacidade de pensar e até a consciência de que é necessário pensar". Ou, em outras palavras, quais são as consequências sociais e políticas das ações de uma sociedade que se permite pautar predominantemente pelos sentimentos.

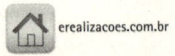

facebook.com/erealizacoeseditora   twitter.com/erealizacoes   instagram.com/erealizacoes   youtube.com/editorae

issuu.com/editora_e   erealizacoes.com.br   atendimento@erealizacoes.com.br